D0423862

Carlos Cuauhtémoc Sánchez

CONFLICTOS CREENCIAS Y SUEÑOS

ATRÉVETE A ESCRIBIR

ISBN 978-607-7627-83-8

Está estrictamente prohibido por la **Ley de derechos de autor** copiar, imprimir, distribuir por Internet, subir o bajar archivos, parafrasear ideas o realizar documentos basados en el material de esta obra. La piratería o el plagio se persiguen como delito penal. Si usted desea usar parte del material de este libro deberá escribir la referencia bibliográfica. Si desea usar más de dos páginas, puede obtener un permiso expreso con la Editorial.

Derechos reservados:
D.R. © Carlos Cuauhtémoc Sánchez. México, 2017.
D.R. © Ediciones Selectas Diamante, S.A. de C.V. México, 2004.
Mariano Escobedo No. 62, Col. Centro, Tlalnepantla Estado de México, C.P. 54000. Miembro núm. 2778 de la Cámara Nacional de la Industria Editorial Mexicana.
Tels. y fax: (0155) 55-65-61-20 y 55-65-03-33
Lada sin costo: 01-800-888-9300 EU a México: (011-5255) 55-65-61-20 y 55-65-03-33 Resto del mundo: (0052-55) 55-65-61-20 y 55-65-03-33
Correo electrónico: informes@esdiamante.com
ventas@esdiamante.com

www.carloscuauhtemoc.com
www.ccsescritores.com
www.editorialdiamante.com

Para mi hija.

Eres la mejor editora del mundo.

Propones, organizas, empujas,

y haces los sueños realidad.

LA LIBRETA PERSONAL

En mi juventud me enamoré perdidamente de una chica que ni siquiera volteaba a verme. Para compensar mi soledad comencé a escribir. Usé una libreta personal a la que titulé igual que este libro. *Conflictos, creencias y sueños*. Después hice la segunda, la tercera, la cuarta... Esas libretas me acompañaron por más de una década. Se volvieron el tronco del que brotaron las ramas de mil historias; algunas protagonizadas por José Carlos y Sheccid, personajes basados en los hechos reales de mis propias vivencias.

Han pasado muchos años desde que inicié la escritura de mis *Conflictos, creencias y sueños*. Tenía catorce. Hoy cincuenta y dos. Casi cuarenta. En ese lapso (ya llovió) he dado clases de literatura, he dirigido talleres de redacción, me convertí en ingeniero y empresario. Pero cuando me preguntan "de entre todas tus actividades ¿qué te define mejor?", siempre contesto: Soy escritor. Amo escribir. Pagaría por escribir, aunque extrañamente me pagan. A la fecha he escrito treinta y tres libros. Entre originales y apócrifos, calculamos que se han impreso más de cuarenta millones de ejemplares. Detrás de cada título hay meses, y a veces años de trabajo.

Ahora voy a hacerte una confesión:

Continuamente se me acercan personas que quieren escribir y me dan sus borradores a revisión. Amigos, familiares, conocidos, compañeros, visitantes, ¡me envían sus apuntes con la esperanza de que les diga cómo publicarlos! Me la paso tratando de explicar técnicas de escritura y exhortando a los aspirantes a comenzar de nuevo. A veces he terminado reescribiendo textos de otros, solo para liberarme de la presión. Tengo un cuñado dentista a quien le sucede algo similar. Las personas, cuando lo ven, abren la boca; no importa si están comiendo barbacoa; le enseñan los dientes pidiendo una opinión o un tratamiento provisional. No siempre es lo más agradable, ni lo que mejor funciona. Ahora mi cuñado solo atiende en su consultorio, y yo decidí escribir este método. Simple. Práctico. Con secretos que todo aspirante a escritor necesita saber. Un manual diseñado para personas de mente joven. Como tú.

Eres buen lector.

Detrás de todo buen lector hay un escritor en potencia. Detrás de todo buen escritor hay un lector insaciable.

Tienes talento. Hay personas cuyos cerebros son perezosos para imaginar y entablar conexiones a través de palabras; prefieren dibujitos; no saben y no quieren aprender a expresarse. Tú eres distinto. Disfrutas las buenas frases. Te esfuerzas por hablar y redactar bien... Insisto. Tienes talento. Pero te falta disciplina. Y coraje. Sacúdete las malas experiencias del pasado. Tal vez alguien desestimó tus escritos, o ni siquiera los leyó a profundidad y te rechazó. Tal vez fui yo mismo. Perdóname. No tomes tan a pecho la opinión distraída de un atareado. Retoma ese sueño que alguna vez te hormigueó en la mente y vuelve a pensar en él. Sí. Tú puedes escribir con excelencia. Tus textos dejarán huella en el mundo... Créeme... y créelo.

Pongamos manos a la obra.

Usaremos un método que funciona.

Estas son las reglas del juego:

① Te plantearé 7 PRUEBAS Y 25 RETOS. Para ejemplificarlos usaré casi siempre textos de José Carlos y Sheccid, extraídos o derivados de la saga *Los ojos de mi princesa*. A partir de ellos harás tus propios escritos.

② No pienses en la cima "inalcanzable" de publicar un éxito de librería. No mires hacia arriba. Solo concéntrate en el peldaño de cada día. El escalón de hoy.

③ Haz los ejercicios de escritura con esmero. Enfrenta los retos y aprende muy bien los principios que se desprenden de ellos.

④ En cada capítulo escribe un texto individual, distinto y autónomo; enfócate en que sea bello por sí solo. Al final te explicaré cómo ligar todos esos documentos entre sí para crear un libro.

⑤ Escribe a mano, aquí mismo. Con pluma. No en el teclado de una computadora, no dictando a una grabadora, no en un teléfono. En principio es importante que aprendas a sentir el contacto directo de tu mente con las letras. Porque escribir a mano es como cantar a capela, como montar un caballo a pelo, como beber agua de un manantial. Más adelante usaremos dispositivos electrónicos para editar.

⑥ Ignora a los seudocultos que te critican porque quieres escribir. Los inquisidores de las letras suelen ser paupérrimos en su producción literaria, cortos en su cantidad de lectores y profusos en sus opiniones descalificatorias. Te odiarán; sobre todo si la gente comienza a leerte. Acostúmbrate. Y supéralo. No escribes para ellos.

⑦ Haz tuyo este libro. Ponle tu nombre. No lo prestes. Cuídalo; comiénzalo y termínalo.

Forma parte del nuevo grupo de ***escritores CCS 7-25***, nacido de ***Conflictos, creencias y sueños, 7 pruebas, 25 retos***. Hagamos grande este movimiento. Conozcámonos, leámonos, sumemos fuerzas. Será una plataforma que permitirá unir en la distancia y el tiempo a personas con ideales e intereses similares. Esa es la magia de la palabra escrita.

Si te parece bien, empecemos...

1

PRIMERA PRUEBA A SUPERAR:

Define el propósito

Bienvenido a la aventura de escribir.

(¿Dije bienvenido? ¿Y si eres mujer? ¿No debería decir bienvenido(a)?, o bienvenid@. Bueno, usemos el idioma correctamente. En español cuando alguien se dirige a una audiencia mixta, el género gramatical masculino engloba y comprende a ambos sexos; decir frases como "bienvenidos y bienvenidas, queridos y queridas, compañeros y compañeras, hermosos y hermosas" es una moda política ingenua y grotesca).

De nuevo. Bienvenido a la aventura de escribir.

Nuestro recorrido se divide en 7 grandes pruebas, cada una con sus retos. En total 25. Como en esos certámenes de atletas en los que aguerridos jugadores enfrentan diferentes desafíos, cada reto superado nos enseñará un principio.

PRIMERA PRUEBA PARA *ESCRITORES CCS 7-25:*

Prueba

Retos

1. Destinatario real
2. Conexión
3. Tema y objetivo
4. Género y categoría

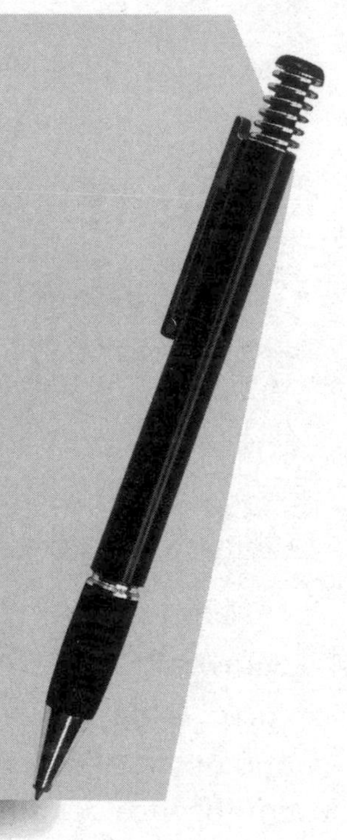

Reto #1

Destinatario real

PIENSA EN ALGUIEN

ANTES DE COMENZAR A ESCRIBIR, IMAGINA A TU LECTOR; TRATA DE ENCONTRARTE CARA A CARA CON ÉL; APRENDE A ESCUCHARLO PARA QUE PUEDAS HABLARLE AL CORAZÓN.

VAMOS A VER.

✓ Si escribes solo para cumplir con un trabajo, desahogarte, matar el tiempo, o hacer los ejercicios de catarsis que te encargaron en el hospital psiquiátrico, está bien (escribir sirve para todo eso), pero no eres escritor.

✓ Si escribes para lucirte ante el mundo, para que el pueblo te conozca y te venere, para que los *neófitos adinerados* te contraten como conferencista; y para que *la fuerza te acompañe*, lo siento, tampoco tienes madera de escritor.

→ Quien escribe de verdad, lo hace para que una persona le lea.

Dije **UNA**. No dos, ni cien, ni mil.

Cuando escribí el libro *Sangre de Campeón*, tenía en mente a mi hijo, de 8 años. Todas las frases, páginas, e ideas, iban dirigidas a él. Después, ese libro fue leído por millones de lectores de todas las edades, pero como, de origen, se concibió para un ***Destinatario Real***, el libro se convirtió en un regalo que cada lector tomó para sí mismo. Cuando escribí *La última oportunidad* pensaba en un amigo de la universidad, y *Juventud en éxtasis* significó una carta personal al joven que yo mismo fui diez años atrás.

Piensa en un ser humano específico (no en muchos). Si puedes, imagina a alguien íntimo; así, el resultado será más intenso. Es ***EL PRINCIPIO DE INTIMIDAD EN LA COMUNICACIÓN***: "Nuestra capacidad de decir cosas valiosas es directamente proporcional a la importancia percibida de la persona a quien nos dirigimos".

En mi caso, al escribir *Conflictos, creencias y sueños*, supe que solo le daría ese regalo a la persona amada. Me propuse escribir para *ella*. Mi musa imaginaria. Mi Sheccid. Haz lo mismo. Piensa en tu pareja. La que tuviste. La que tienes. La que tendrás. No se me ocurre un destinatario más valioso con quien podrías compartir tus alegrías y sinsabores, con quien serías capaz de fusionar tu alma y tu piel, exorcizando la soledad y gozando el calor de un alma complementaria. Dirígete a él o ella. Escribe con ese nivel de confidencia y ocurrirá algo maravilloso.

OBSERVA ESTE EJEMPLO.

José Carlos:

Me intimida un poco escribirle a un escritor. Pero después de leerte me siento inspirada.

Yo no sé quién eres. O, mejor dicho, te conozco menos de lo que tú pareces conocerme. Pero sé una cosa. Dios ha permitido que tú tuvieras ese amor (o esa obsesión) hacia mí, para decirme a través de ti que soy digna de recibir cariño.

Mi vida ha sido muy desafortunada... Podría ser el argumento de una novela triste. Algún día te la contaré para que la escribas. Es una historia en la que hay desgracias y aparece un milagro que brinda a los protagonistas esperanza. Ese milagro eres tú...

Me halaga que me quieras tanto... y asegures que tengo predisposición para el amor y que has visto en mis ojos una profundidad distinta, que creas haber percibido en mí la sensibilidad de alguien desesperado por la soledad absurda. Sigo sin comprender cómo sabes eso. ¿Quién te lo dijo?, ¡y vuelvo a pensar que es un milagro!

José Carlos, gracias por considerarme en tus planes, por demostrarme que los sueños pueden hacerse realidad, y sobre todo gracias por decirme que mi condición inicial no determina mi porvenir...

Amigo, en cuanto me sea posible, buscaré la forma de regresar a ti.

Iniciarás tu libreta de **Conflictos, creencias y sueños**. Quizá se convierta en tu materia prima para concebir después un libro. Tienes mucho que decir. No lo guardes en un cajón. Sal a la luz. Sé luz. Atrévete a más. Exprésate como nunca antes.

Manuscrito 1. **INVITACIÓN**

PG: CÓMO ME HA DOLIDO LA SOLEDAD, DIRIGIÉNDOME A MI PAREJA, PARA QUE LEA ESTE CUADERNO.

Háblale frontalmente al amor de tu vida. Invítala o invítalo a conocerte más, a lograr una comunicación de almas a través de las letras, a tener un diálogo espiritual contigo.

Reto #2

Conexión

AYÚDALO A SENTIR LO QUE TÚ SIENTES

USA FRASES QUE INVOLUCREN EMOCIONES Y SENTIDOS PARA QUE PUEDAS CONECTARTE CON LA PERSONA QUE TE LEE. RECUERDA QUE EL PROPÓSITO ELEMENTAL DE LA LITERATURA ES ROMPER LAS FRONTERAS DEL ESPACIO-TIEMPO PARA UNIR LAS MENTES DEL AUTOR Y LECTOR.

¿Recuerdas aquellas películas de ficción en las que a través de una máquina las personas pueden "teletransportarse" a otro lugar. Cuando escribimos buscamos que suceda ese milagro.

El buen escritor es un mago. Tiene trucos para aparecerse, o hacer que sus personajes se aparezcan, en la habitación del lector. Se dice que ***conecta***. De eso se trata todo eso. Escribimos para conectar. El mal escritor no conecta; es ajeno, distante, indiferente; habla desde un estrado muy lejano; su voz es débil, sus intenciones inciertas, su rostro oculto...

Para ***conectar*** hay que usar frases emocionales y sensoriales. Si yo te digo: "Transito por un infortunio desagradable, lo que me ha ocasionado un estado depresivo de nivel crónico", tú contestarás: "Caramba, pues ve al doctor y ojalá que te mejores (pero no me molestes)". En cambio si te digo: "Apenas puedo respirar, un calor bochornoso me roba el aliento, la cabeza me estalla y me estoy desmoronando", contestarás: "Amigo, ¿qué te pasó?".

Ambos escritos dicen lo mismo. Uno ***conecta***, el otro, no.

VE ESTE EJEMPLO DE *TE DESAFÍO A PROSPERAR*:

Déjame hablarte de tú; nos parecemos; tenemos inquietudes similares. La estancia en que me encuentro es silenciosa. Solo el piso de madera y las paredes cubiertas de libreros emiten un leve rechinido de vez en cuando. Sobre mi cabeza cuelga un avioncito de control remoto que solo usé una vez. Hay papeles y textos por doquier. Mi esposa dice que este sitio es un desastre y que no volverá a arreglarlo. He celebrado su decisión, porque cuando ella pone todo en su lugar yo pierdo todo. En el caos que me rodea existe orden, aunque ella no lo crea. Sobre la mesa, junto al teclado de la computadora, mi taza de café se ha enfriado. Estoy sentado en un sillón verde; a mi lado hay otro, idéntico, vacío. Es para ti. Te invito a sentarte. Tal vez deberías traer un suéter. La ventana está abierta y hace frío. Afuera llueve.

Has echado un vistazo a mi entorno y yo, sin que te dieras cuenta, he llegado hasta el tuyo. Te propongo que nos mantengamos cerca.

Voy a cerrar la ventana. Aunque el aire de la noche es saludable, conviene que entibiemos el ambiente. Si me permites, iré por dos tazas de café. Mientras tanto puedes poner algo de música. Elígela tú. Ahora vuelvo.

El texto anterior, en segunda persona, cumple la técnica del ***Destinatario real***, pero también consigue otra meta: Que el lector se "teletransporte" hasta el sitio que estamos describiendo. ¿Cómo? Observa las frases: *Hace frío, llueve, hay silencio, la duela rechina, pon tu música, saborea un café*.

Las buenas descripciones sensoriales crean líneas de energía, digámoslo así, que viajan en el espacio-tiempo para conectar al autor con el lector. Este puede llegar a sentir deseos de ponerse un suéter, tomar agua, comer algo o rascarse. En otras palabras, gracias a ciertas frases, el lector percibe lo que percibe el escritor como si estuviesen juntos en el mismo espacio.

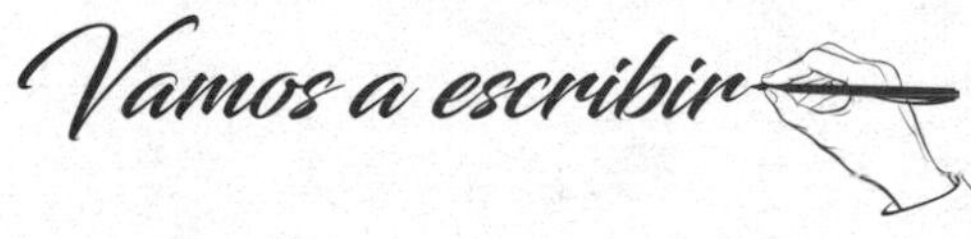

Imagínate a un atleta talentoso, con el potencial para llegar a ser campeón olímpico, ¿qué necesita? **Práctica**. Tienes talento. Prueba que también tienes constancia y tenacidad; las características del hacedor de sueños. Practica siempre que puedas. Toma una pluma en este momento y llena las líneas del siguiente ejercicio.

Manuscrito 2. **DESCRIPCIÓN SENSORIAL**

PG: DESCRIPCIÓN DE DÓNDE ESTOY Y CÓMO ME SIENTO, PARA FUSIONAR MIS PRIMEROS DOS ESCRITOS (INVITANDO A MI PAREJA A LEERME).

Dibuja con palabras la habitación en que te encuentras. Cómo te sientes física y emocionalmente. Usa frases que describan tus percepciones (colores, luces, olores, gustos, sonidos, sensaciones corporales). Cuando hayas terminado, combina el manuscrito 1 con el 2 ***en un documento nuevo que incluya ambos****. Intercala los párrafos dándole, a este documento final, mejores matices. Verás la diferencia. Haz un escrito intenso, donde desnudes tu alma, hablándole a tu pareja con el corazón, mencionando tus sensaciones físicas y emocionales.*

Reto #3

Tema y objetivo

DEFINE QUÉ Y PARA QUÉ

REDACTA UN PROPÓSITO GOBERNANTE EN DOS LÍNEAS. PRIMERO, EL TEMA: *¿QUÉ?* (ASUNTO DEL QUE VAS A ESCRIBIR). SEGUNDO, EL OBJETIVO: *¿PARA QUÉ?* (PENSAMIENTOS Y EMOCIONES QUE INFUNDIRÁS EN EL LECTOR).

ESTE ES UN PRINCIPIO DE VIDA.

Imagina que darás un discurso, harás una presentación, participarás en una junta, acudirás a una reunión social... Lo que sea. Antes de ir, deberás pensar: *¿Sobre qué voy a hablar y qué efectos quiero lograr?* Eso es establecer una ruta, una meta, un ***Propósito Gobernante (PG)***.

¡Mucha gente escribe, habla en público, asiste a una reunión y vive sin tema ni objetivo! Por eso no llega a ningún lado; se pierde, revolotea, desiste, fracasa.

En todo lo que hagas establece ***Propósitos Gobernantes***. Desoír este consejo te hará un aburrido sin rumbo (como mi gato) y un escritor errático, divagante (como hay muchos).

DEDUZCAMOS EL PROPÓSITO GOBERNANTE (PG) DE ALGUNOS LIBROS.

ROMEO Y JULIETA

TEMA: El amor imposible de dos personas de diferentes clases sociales.

OBJETIVO: Provocar en el lector emociones de romanticismo y enojo hacia la intolerancia clasista.

SEGURIDAD EN LA CIUDAD

TEMA: Prevención de riesgos.

OBJETIVO: Enseñar al lector urbano a defenderse de la delincuencia.

LOS OJOS DE MI PRINCESA

TEMA: La fuerza transformadora del amor.

OBJETIVO: Hacer que el lector reviva las emociones de su primer amor e inspirarlo a amar de nuevo.

Observa: Los OBJETIVOS de un libro (*¿para qué?*) siempre involucran al lector; buscan provocarle pensamientos y sentimientos.

Esa es la ley del buen escritor. Memorízala. Hazla tuya: ***CUANDO ESCRIBES, EL LECTOR ES QUIEN IMPORTA. NO TÚ.***

Si el lector no entiende qué va a leer y *para qué*, no te leerá. Y un escrito que no se lee no tiene razón de existir.

¿"QUÉ" Y "PARA QUÉ" DE *ESTA LIBRETA*?

Con tus ***Conflictos, creencias y sueños*** podrás tocar el corazón de alguien especial. Quizá quieras dejar un legado para tu familia o tus amigos. O mejor aún, tal como lo establecimos desde el primer reto, podrías dedicarle esta libreta:

- A tu pareja del ***ayer***. Para despedirte de ella o sanar viejas heridas.
- A tu pareja de ***hoy*** para fortalecer y engrandecer su relación.

- A tu pareja del ***futuro*** para invocarla, atraerla, y darle un regalo anticipado.

Escribe tu ***Propósito Gobernante*** (PG) en esta libreta.

Si eres incapaz de definir en dos parrafitos lo que quieres conseguir, ¡entonces no lo vas a conseguir!

Voy a escribir sobre (***Tema***): ______________________

____

Quiero que con mis escritos, el lector piense y sienta (***Objetivo***): ______________________

____

EL SIGUIENTE TEXTO SE LLAMA *MI SUEÑO DE AMOR*.

PG: Una descripción de anhelos y sentimientos, para inspirar a alguien especial a unirse a ese sueño conmigo.

Princesa mía:

Te imagino solitaria (como yo), mirando por la ventana, esperando a alguien que sea capaz de amarte por lo que eres y no por lo que tienes.

Esta noche con mis letras voy a escalar los muros que llevan a tu alcoba. Subiré despacio y apareceré frente a ti para decirte:

Amor, no tengas miedo. La vida es hermosa y todo está bien. Yo voy a protegerte. Voy a estar a tu lado para tocar suavemente tu piel con las yemas de mis dedos, para tocar muy despacio tu alma con palabras.

Princesa, cierra los ojos, deja que acaricie tu rostro despacio. Déjame dibujar tus labios, tus párpados, tus cejas, tus mejillas. Quiero susurrarte al oído que eres buena, hermosa, dulce, talentosa. Que el mundo es mejor gracias a que tú habitas en él.

Quiero tocarte, princesa. Tocarte con mis manos y mis palabras. Cada noche. Cada mañana. Cada día. Cargarte y rescatarte del dragón que te custodia. Quiero darte un regalo continuo con mi toque; exaltarte, y hacer que ese toque te engrandezca.

Pero también, princesa mía, te confieso que sueño con recibir un toque tuyo. ¡Sueño que me hagas sentir fuerte cuando desfallezca! Sueño que me hables al oído palabras de nuestra historia, que solo tú y yo entendemos... Que no me reclames cosas pasadas de las que ya no tengo control y te atrevas a mirar conmigo hacia el futuro... Sueño en que también tú quieras. Quieras tocarme, princesa...

Tú puedes crear tu propio libro, tu propio sistema, negocio, curso, canción. Pero necesitas escribir. No hay otra forma. Todas las grandes ideas se deben poner en papel primero. Si no lo haces, querrás hablar de ellas y ¡adivina qué!, alguien te escuchará y las escribirá. Y el que lo escribe primero y lo registra se convierte en el dueño. Punto. Así funciona el mundo. Para que algo trascienda debe estar escrito. Ha llegado la hora de poner tu universo mental en papel.

Manuscrito 3. MI SUEÑO DE AMOR

PG: LA RELACIÓN DE PAREJA QUE SIEMPRE HE ANHELADO, CON UNA PROPUESTA IMPLÍCITA PARA QUE LA HAGAMOS REALIDAD.

Explícale a tu pareja qué es el amor para ti. Cómo visualizas tu sueño de amor ideal. Cómo te gustaría que él o ella te tratara. Cómo lo o la tratarías tú... Lo que quisieras oír de sus labios. Lo que tú le dirías. Revisa tu PG y escríbelo con pasión.

Reto #4

Género y categoría

DECIDE EL TIPO DE ESCRITO QUE HARÁS

DEBERÁS CONOCER LA CLASIFICACIÓN DE LOS LIBROS, Y SER CAPAZ DE DECIDIR QUÉ GÉNERO Y CATEGORÍA QUIERES ABORDAR.

—¿Cómo puedo llegar a ser escritor? —le pregunté a mi abuelo—. Quisiera aprender a escribir de manera profesional, como tú.

—Ajá... —tosió y tomó un poco de agua. Luego comenzó a explicar con su voz ronca—. Sinclair Lewis dio un discurso a un enorme grupo de universitarios que querían ser escritores. Se paró frente al auditorio repleto y preguntó: "¿quién de ustedes desea *de verdad* ser escritor?". Todos levantaron la mano. "Entonces están perdiendo el tiempo aquí —les dijo—, si *de verdad* quieren ser escritores, vayan a su casa y pónganse a escribir, escribir y escribir". Cerró su carpeta y se retiró.

—¿Eso es todo?

—Sí. Dedica al menos una hora diaria por el resto de tu vida a escribir y otra hora diaria a leer. ¡Dos horas de cada día, incluyendo sábados, domingos y días festivos!

—¿Pero qué voy a escribir?

—¡Todo! Cuentos, fábulas, poemas, novelas, cartas, tu diario... ¿Y qué vas a leer? ¡Todo! ¡Conviértete en un devorador de libros! *Con el tiempo te inclinarás por un género y definirás tus gustos.*

—Suena complicado.

—¡Y no he terminado! Inscríbete a cada concurso literario, participa en cada panel, en cada taller. Cuando tengas la oportunidad de dar clases, elige las materias de literatura, gramática y ortografía. Enseñando a otros aprenderás más que nunca. Dile a todo el mundo que eres escritor y compórtate como tal. Escribe mucho. Cuando acabes tu primer libro envíalo a todas las editoriales. Te lloverán cartas de rechazo. Descubrirás que en realidad nadie te valora. Es el proceso natural. ¡Pasa por él! ¡No hay atajos! Solo si eres obsesivo a niveles enfermizos seguirás escribiendo. Y entonces, solo entonces te habrás convertido en escritor.

El consejo central de mi abuelo me sonó un poco extravagante: "Con el tiempo te inclinarás por un género y definirás tus gustos". Se lo dije después por teléfono y corrigió con su español peninsular: "¡Hostia! Quise deciros que debéis definir vuestros gustos por algún tipo de libro".

Muy bien; en una biblioteca hay miles de obras. Todas distintas y clasificables.

¿A qué objetivo queremos apuntar?

Existen muchas taxonomías. Con los años he creado una simplificada. Aquí la tienes.

EXISTEN BÁSICAMENTE DOS GRANDES CLASES DE LIBROS: LITERARIOS Y EXPOSITIVOS.

GÉNERO LITERARIO: Pertenecen a él todos los libros que emplean la ficción narrativa o poética para plasmar historias e ideas:

• NOVELAS • CUENTOS • FÁBULAS • POEMAS • CINE o TEATRO • RELATOS PERSONALES.

Los autores de este género ***buscan estimular la imaginación y emociones del lector y cuidan la belleza ex-***

presiva del idioma. Usan lenguaje literario: narraciones, descripciones y diálogos.

GÉNERO EXPOSITIVO: Pertenecen a él todos los libros que emplean argumentaciones temáticas para ***enseñar conceptos***.

• ENSAYOS • ARTÍCULOS • REPORTAJES • MANUALES • LIBROS ESCOLARES • DE CONSULTA • CIENTÍFICOS.

Los autores de este género ***exponen opiniones, investigaciones o doctrinas. Buscan enseñar, tocar el entendimiento del lector***; usan un lenguaje técnico.

Lo primero que debes saber antes de pretender escribir un libro es hacia dónde apuntas.

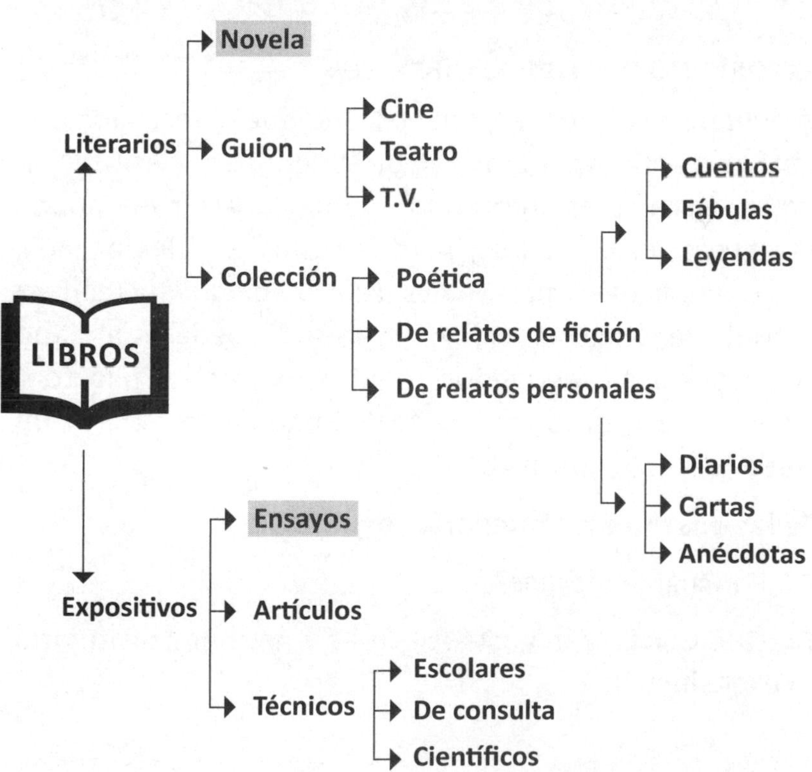

¿PERO SIGO SIENDO EL REY?

En los dos grandes géneros hay un tipo de libro al que llamamos "rey de la categoría". En las obras literarias, ***la Novela***. En las obras expositivas, ***el Ensayo***.

Por ser los reyes, representativos de sus comarcas, vale la pena entender bien la diferencia entre ellos:

NOVELA: Historia de ficción extensa, capaz de estimular la imaginación del lector y crearle placer estético. Contiene personajes definidos que muestran sus ***caracteres, pasiones y costumbres***.

ENSAYO: Obra de exposición didáctica en el que el autor enseña **sus conceptos, opiniones, anécdotas e investigaciones** sobre un tema específico, usando argumentaciones organizadas.

EN TEORÍA NO HAY LIBROS HÍBRIDOS.

O son literarios o son expositivos. Aunque a veces los elementos de ambos géneros se combinen, para clasificar un libro se busca su estilo preponderante. Una novela puede tener mensajes didácticos, pero si su hilo conductor es la historia detallada de personajes, se trata de ***novela*** (género literario). De la misma forma, un ensayo puede estar lleno de ilustraciones o pequeños cuentos, pero si su hilo conductor es la exposición didáctica de un tema, se trata de un ***ensayo*** (género expositivo).

De las dos grandes categorías de libros:

¿Por cuál te inclinas? ______________________

¿Qué GÉNERO te gusta leer más y por qué? (¿Literario o expositivo?). ______________________

____

De qué tipo es:

- ¿Este libro que estás leyendo? ______
- ¿*Los ojos de mi princesa*? ______
- ¿La libreta CCS de José Carlos? ______

Tus *Conflictos, creencias y sueños* será una recopilación de relatos autobiográficos (diario, cartas, anécdotas), del ***género literario***.

Cuando lo hayamos terminado, te mostraré cómo podrías convertir ese trabajo en una novela; si fuere tu interés. Para entonces deberás haber enfrentado y aprendido las 7 PRUEBAS Y 25 RETOS DEL ESCRITOR. Entretanto lee libros de distintos géneros y aprende a diferenciarlos. Elige tus favoritos. Ponlos en un librero especial. Lee y relee.

PORQUE SOMOS LO QUE LEEMOS.

Tú y tu pareja están espiritualmente conectados. Es interesante que le cuentes sobre tus obras favoritas.

Eres inteligente. Para escribir se necesita serlo, generar pensamientos creativos, tener algo interesante que decir. ¡Es tu caso! Tu mente es un hervidero de ideas originales. Ha llegado la hora de ponerlas en papel. Escuchaste el llamado. Síguelo. Realiza el siguiente ejercicio.

Manuscrito 4. **LIBROS Y ESTUDIOS QUE ME APASIONAN**

PG: UN PEDACITO DE MIS CONOCIMIENTOS, PARA ACERCARME INTELECTUALMENTE A ESA PERSONA ESPECIAL.

¿Qué maestro te enseñó algo invaluable? ¿Qué te enseñó? ¿Qué estudios han marcado tu vida? ¿Quién eres en el aspecto intelectual? ¿Qué ideas, filosofías, o conocimientos te apasionan? ¿Qué libros han dejado una huella en ti? ¿Qué autores te gustan y por qué? ¿A qué escritor aspiras imitar y superar? ¿Qué te gusta y disgusta de ciertos libros? ¿Hay un fragmento de algún libro favorito que quieras compartirle o dedicarle a esa persona especial? Hazlo aquí.

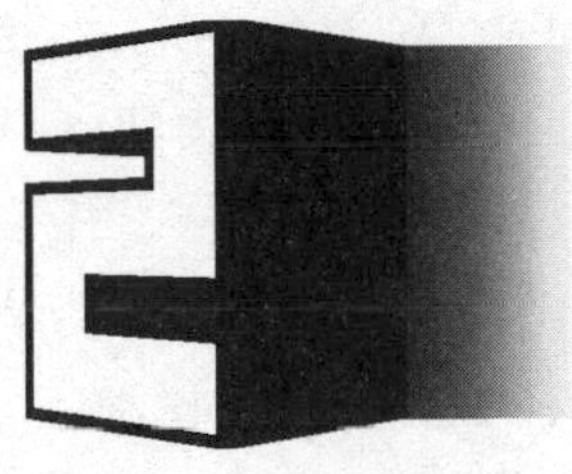

SEGUNDA PRUEBA A SUPERAR:

Crea personajes

PRUEBA SUPERADA HASTA EL MOMENTO:

✓ Ya tenemos a nuestro lector en mente, PG y tipo de texto por escribir.

Fue fácil. Ni siquiera hemos sudado lo suficiente. Sigamos. Se pondrá mejor. A partir de este momento todos nuestros retos estarán enfocados a la *ficción narrativa*.

Ya que *Conflictos, creencias y sueños* será, en principio, **una colección de relatos autobiográficos**, tomaremos el rumbo literario. ¿De acuerdo?

¿Y si queremos aprender a redactar obras expositivas? No hay problema. El que sabe escribir novelas, podrá aprender a escribir ensayos con facilidad. No al revés.

La prueba que sigue es muy emocionante.

Vamos a construir una historia protagonizada por "alguien".

¡CREAREMOS PERSONAJES!

Perdona el atrevimiento, pero ahora seremos (al menos un poco) parecidos a Dios... Piensa. El Creador infinito sopla vida sobre la materia y forma individuos... Nosotros querremos hacer lo mismo al escribir. Son palabras mayores.

No hay nada más patético que tomar barro, amasar figurillas y hacerlas hablar y moverse como marionetas deformes, *pero sin soplarles vida*. No hay nada peor que crear actores de cartón, maniquíes forzados solo para resolver problemas o crearlos.

Si existe un punto en donde podemos decir que alguien es buen o mal escritor es al ver el resultado de sus personajes. ¿Son seres vivos o títeres exangües?

SEGUNDA PRUEBA PARA *ESCRITORES CCS 7-25:*

Reto #5

Autenticidad

CREA SERES CON ATRIBUTOS HUMANOS

DALES ALMA A TUS PERSONAJES HACIÉNDOLOS GENUINOS Y ÚNICOS. NO CREES MUÑEQUITOS DE BARRO BURDOS. FORMA SERES CON VIDA. VEROSÍMILES. EN QUIENES SE PUEDA CONFIAR.

EMPECEMOS CON EL MOLDE.

Aunque tus personajes podrían ser animales o incluso objetos animados, siempre deben tener *atributos humanos*. Así que la base del proceso será aprender a crear ***personas***. Empecemos con el molde. *Es una ficha biográfica*:

Nombre: ______________________

Edad: ______________________

Escolaridad: ______________________

Domicilio: ______________________

Ocupación: ______________________

Lugar de origen: ______________________

Religión: ______________________

Estado civil: ______________________

Descripción de su familia (padres, hermanos, pareja, hijos):

____

Descripción de sus amigos y enemigos: ______________________

Traumas, y obsesiones: ______________________________

Problemas: ______________________________

Logros: ______________________________

Metemos al molde un poco de plastilina y listo:

Constanza Martínez tiene treinta y dos años, es pintora, nació en Chile, vive en México, es católica, hija única, huérfana de padre; trabajó toda su vida en un laboratorio de productos químicos del que su madre era directora. Quiso experimentar con reactivos para crear un nuevo solvente. Provocó una explosión y un incendio en el que murieron dos personas. Estuvo en la cárcel.

Hemos creado un muñeco.

Ahora hay que soplarle vida. ¿Cómo?

La sangre que corre por las venas de un ente vivo se llama ***autenticidad***. Huellas digitales. Voz humana con timbre, volumen y vocabulario único. Pensamientos y sentimientos legítimos.

¿Alguna vez has adivinado quién está dentro de una sala llena de gente cuando lo escuchas carcajearse a lo lejos, o quién te llama por teléfono por el simple tono de su voz?

Alguien auténtico es inconfundible y no trata de fingir.

LEE ESTE EJEMPLO.

¿Vida normal? Absurdo.

Soy ser ardiente encerrado en un cerebro sin tregua.

Me usurpan ilusiones rotas, utopías desgajadas, esperanzas vanas. Hay un hueco enorme en mi corazón. Mi alma contiene una oquedad de extraña geometría.

A ojos ajenos, mi vida es normal. Pero no es cierto: teniéndolo todo, soy infeliz. Porque hay un hueco enorme en mi corazón. Porque mi alma contiene una oquedad de extraña geometría.

Sheccid: Esta concavidad es tuya. El hueco de mi esencia no puede ser llenado por nadie. Está moldeado a tu forma.

Dios ha permitido ese espacio vacío en mí. Incluso lo ha puesto ahí, para que no lo ocupe nadie sino tú. Él mismo podría habitarlo, llenarlo y hasta rebosarlo con su infinito amor, pero no quiere. ¡Lo ha dejado abierto con el único fin de hacerme entender que yo no soy el importante, que mi mundo no puede girar alrededor de mí! Sino de ti. Que aún con la provisión divina, debo seguir sintiendo tu ausencia. Que solo el amarte me completa y le da sentido a mi existir, porque tú fuiste creada para llenar mi vacío.

Princesa de ojos bellos:

No sé cómo será tu vida. No sé si será normal (o extrañamente anormal, como la mía). Pero si alguna vez te falta el aire o sientes que por más que estés rodeada de bondades, la nostalgia te lacera y te confunde, revisa tu corazón, tu propia esencia... Y si ves que tiene un hueco, ve sus líneas.

Tal vez descubras mi forma, y que solo amándome estarás completa. Tal vez comprendas que a mi lado tu vida tendrá más sentido, pues solo yo fui creado para llenar tu vacío.

Vamos a escribir un texto muy importante. Para ello aprendamos otra herramienta de apoyo:

Técnica del Círculo argumental

Cuando el escritor quiere dar argumentos convincentes, desarrolla su documento en tres partes:

1. Problema central.
2. Obstáculos resolutivos.
3. Solución.

Primero descríbe el ***problema central***. Un mensaje de "algo que no está bien".

Segundo, explica los ***obstáculos resolutivos***: ¿Por qué ese problema no es fácil de resolver?, ¿cómo es que la gente no lo ve, lo malentiende o se da por vencida ante él?

Tercero, anota la ***solución***, usando argumentos apasionados y auténticos.

La técnica se usa sobre todo en ensayos o textos expositivos, ¡pero también funciona en el género literario!

Permíteme ir contigo paso a paso.

PASO 1: PROBLEMA CENTRAL. (Un mensaje de "algo que no está bien").

Observa: el autor declara que su vida es anormal, menciona su soledad secreta y el dolor de sentir un hueco enorme dentro de él.

> ¿Vida normal? Absurdo. Soy ser ardiente encerrado en un cerebro sin tregua. Me usurpan ilusiones rotas, utopías desgajadas, esperanzas vanas. Hay un hueco enorme en

mi corazón. Mi alma contiene una oquedad de extraña geometría.

PASO 2. OBSTÁCULOS RESOLUTIVOS. (Por qué ese problema no es fácil de resolver, o la gente no lo ve).

A ojos ajenos, mi vida es normal. ¡Pero no es cierto!: teniéndolo todo, soy infeliz.
A la vista de todos, soy normal. Pero no es cierto.
Porque hay un hueco enorme en mi corazón.

PASO 3. DAR UNA SOLUCIÓN.

Sheccid:

Esta concavidad es tuya. El hueco de mi esencia no puede ser llenado por nadie. Está moldeado a tu forma... Solo el amarte me completa y le da sentido a mi existir, porque tú fuiste creada para llenar mi vacío.

Vamos a escribir

Tú has escrito muchas cosas antes. Pero esta vez será distinto. Vuélvete un escritor digno de ser leído. ¿Cómo? ¡Escribe desde el fondo de tu ser! Enfócate en ser auténtico. Mucha gente no ha creído en ti, porque no te conoce. Bueno, pues ha llegado el momento de quitar ese velo y mostrarte tal cual eres. Relata tus dudas, errores y luchas interiores; quienes alguna vez te ignoraron, se asombrarán de tu calidad humana. No dejes vacíos los renglones del siguiente ejercicio. Atrévete.

MANUSCRITO 5. **MI PREOCUPACIÓN DE *HOY***

PG: LOS PROBLEMAS ACTUALES (SIN RESOLVER), QUE ME AGOBIAN Y ME QUITAN EL SUEÑO. UN DESAHOGO SINCERO PARA MOSTRARME TAL CUAL SOY.

1. *Realiza la **ficha biográfica** del personaje (tú).*
2. *Redacta un texto en el que confieses qué te roba el sueño **hoy**. Puede ser un tema emocional, familiar, económico, social, legal, amoroso o de trabajo.*
3. *Explica cómo has ocultado esa preocupación, por qué la gente no ve o no valora tu problema y por qué "no parece" tener solución.*
4. *Expón datos y sentimientos que planteen una solución.*

Que tus letras sean una confesión o una petición de auxilio, o una declaración de tus intenciones para resolver el problema...

Redacta un texto legítimo, sincero, auténtico.

2 PERSONAJES

Reto # 6

Pasado significativo

GENERA RECUERDOS

PARA BRINDAR IDENTIDAD A TUS PROTAGONISTAS CRÉALES RECUERDOS. MIENTRAS MÁS IMPORTANTE SEA UN PERSONAJE, MÁS DATOS DE SU PASADO DEBERÁS DAR A CONOCER.

Si dices que Constanza se queda paralizada frente al fuego y en vez de huir se agazapa contra la pared en una actitud suicida, estarás diciendo algo ilógico. La gente real no hace eso. A menos que expliques:

Ella fue acusada de provocar un incendio en el laboratorio donde trabajaba, y toda la vida ha luchado contra los recuerdo aterradores de haber visto morir a dos compañeras.

Ahora sí tu personaje es de carne y hueso.

¿Por qué el hombre araña persigue a los malvados? ¡Porque vio cómo un delincuente mato a su tío! ¿Y por qué el Guasón es malo? ¡Porque un ácido le deformó la cara!

En la literatura los personajes se comportan en función de su pasado; si no lo tienen, o no se expresa, son solo maniquíes que actúan sin razón.

ANALIZA:

Amigo, acabo de salir de la ducha. Estoy envuelta en una toalla. Tengo el cabello mojado y la piel de los brazos erizada, pero me urge escribirte. No puedo esperar.

Hoy cometí un pecado ecológico. Dejé correr el agua caliente sobre mi espalda sabiendo que se estaba desperdiciando. Pero no me importó. Quise darme ese lujo; algún lujo.

Toda mi vida he pensado en otros. Fui gemela congénita de un niño nacido con severas deformaciones internas; a mi hermano Luigi lo operaron catorce veces; comía a través de una sonda. Cuando no estaba convaleciente, se encontraba al borde de la muerte. Si yo lloraba, mis padres corrían a atenderlo a él; pero si él lloraba, se acababa el mundo. Crecí marginada e ignorada; atendida por niñeras, olvidada en mi propio hogar. Mis papás casi nunca me abrazaron. Luigi murió a los siete años. Entonces mamá entró en un duelo eterno y se desentendió aún más de mí. Papá se fue moralmente de la casa.

He sido muy lastimada. Y no puedo confiar en las personas. Daría lo que fuera porque mis padres sanaran de sus traumas y se volvieran a amar. Por borrar de los recuerdos a ese hermanito gemelo que me robó el cariño de mamá para después llevarse a la tumba su cordura y corazón. Daría lo que fuera por desaparecer de mis memorias el día en que papá cayó al fango de la infidelidad arrastrándonos a todos.

Soy una superviviente de batallas muy cruentas. Siempre he pensado en otros. Por eso, hoy se me antojó pensar en mí y dejé correr el agua caliente sobre mi espalda, consciente de que los niños del Serengueti casi nunca se bañan y que los tuaregs en camello se mueren de sed. Solo cuando las yemas de los dedos comenzaron a arrugárseme como pasas, salí de la de la ducha, me envolví en una toalla y comencé a escribir.

Las mejores ***Escenas significativas del pasado*** son aquellas en las que el personaje llega a límites de emoción o reflexión profunda. Momentos que se quedan grabados en su memoria o subconsciente.

Debemos aprender a insertar recuerdos de manera natural a nuestros personajes.

¿Te agrada hacerlo, pero no sabes a qué hora? Rechaza algunas actividades poco importantes; cámbialas por tiempos para sentarte a escribir. Rehúsa ver la televisión; no pongas una película insulsa; dile a tus amigos o familiares que no puedes reunirte con ellos hoy. Pregona que necesitas un tiempo a solas para escribir. Y escribe.

Manuscrito 6. **MIS CICATRICES**

PG: EL RECUENTO DE UN PASADO QUE ME HA DEJADO MARCAS, Y CÓMO ME HE LEVANTADO CON LA CARA EN ALTO. UNA REVELACIÓN SINCERA.

Estuviste en el suelo. Te caíste. Cometiste errores. La gente cercana te afectó. Sufriste adversidades que te causaron angustia, llanto o desconcierto. Hoy tienes cicatrices. En el cuerpo y en el alma. Pero eres un guerrero. Estás de pie. Te has levantado. Y en el proceso has aprendido mucho. Evoca una o más anécdotas que hayan llevado a profundas emociones y reflexiones. Descríbelas. Narra los hechos ***del ayer****. Habla de los días dolorosos... de las pesadillas antiguas; muestra de dónde provienes y cómo has sobrevivido.*

Exprésate desde lo más profundo de tu ser para explicar

por qué la vida vale la pena. Haz de este manuscrito un poema de sinceridad sobre las batallas que has atravesado en el pasado y la fuerza que te mantiene luchando.

Reto #7

Atributos reales

DIBUJA PERSONALIDADES

CONVIÉRTETE EN UN PROFUNDO CONOCEDOR DE LA NATURALEZA HUMANA; APRENDE A DELINEAR LOS HÁBITOS, CONVICCIONES, DECISIONES, CARÁCTER Y TALENTOS DE TUS PERSONAJES PRINCIPALES.

No tienes que hacerlo de manera explícita. Pero sí tienes que hacerlo. Sutil, suave, casi imperceptiblemente: *dibuja la **personalidad** de tus personajes.*

Todos los seres humanos somos lo que somos y hacemos lo que hacemos porque, *además de nuestro pasado* (o gracias a él) tenemos una ***personalidad*** con cinco atributos significativos.

Piensa en tus propios atributos y date cuenta de que, si eres capaz de describirlos, puedes mostrar quién eres:

① ***HÁBITOS.*** *¿A qué hora te levantas y cuál es tu rutina diaria?; ¿en qué trabajas?; ¿qué comes; cómo te aseas, te vistes, te arreglas, descansas?; ¿cuánto te ejercitas?; ¿cómo te diviertes? Eres tus hábitos.*

② ***CONVICCIONES.*** *¿Qué crees respecto a la familia, la muerte, las relaciones, el dinero, Dios? Las ideas que rigen tu comportamiento y te dan un código para interpretar lo que sucede. Eres lo que crees.*

③ ***DECISIONES.*** *Llegaste hasta donde estás por tus decisiones. En cada disyuntiva elegiste un camino y abandonaste otro. Eres la suma de tus decisiones.*

④ ***CARÁCTER.*** *¿Con qué nivel de energía y autoestima te mueves por la vida?; ¿eres alegre o taciturno?, ¿melancólico o sociable?, ¿competitivo o cooperativo? Eres tu carácter.*

⑤ ***TALENTOS.*** *Tienes dones y fortalezas, como también defectos y debilidades. Eres tus talentos.*

Cuando quieras definir a un personaje en tu historia, esboza sus cinco *atributos significativos*.

EXISTE UNA TÉCNICA DE APOYO QUE SE LLAMA VOZ INTERNA.

Los seres humanos hablamos, pero también pensamos.

Al hacer que un personaje exprese sus pensamientos, dejas al descubierto parte de su personalidad (hábitos, convicciones, decisiones, carácter y talentos), y creas relatos intensos con seres verosímiles.

VE ESTE TEXTO.

> Estoy furioso, desesperado, enojado, frenético. Me llevan los mil demonios. ¿Cómo pudo pasar lo que pasó? ¡Tengo tantas ganas de salir corriendo y llorar y gritar y reclamarle a Dios! Yo estaba enamorado. Creía en el amor... Consideraba que era posible ver a una mujer con ojos limpios. Hoy ya no sé qué pensar. Cierro los ojos y veo en la mente, mujeres desnudas.

DESCRIBE LAS LUCHAS INTERNAS Y PENSAMIENTOS DE TUS PERSONAJES PRINCIPALES.

Tanto como te sea posible. El lector puede estar de acuerdo o no con ellos. De hecho la tensión dramática se da cuando el personaje piensa (cree o hace) una cosa y el lector opina que debió hacer lo contrario.

Lee esta carta.

Observa la forma en que el personaje usa la ***voz interna*** y entreteje sutilmente pinceladas que definen su personalidad.

Mi princesa:

Duermo poco, leo mucho, entreno todos los días en mi bicicleta y pienso en ti de manera obsesiva. Somos muy diferentes; tú me lo dijiste. Me lo echaste en cara. Pero aun así estoy convencido de que podemos ser una gran pareja. Aunque he tomado muchas decisiones en la vida, la más significativa es esta: he decidido amarte.

Sheccid, conozco mis debilidades y tus fortalezas, y no me arredro porque también tengo el talento de no darme por vencido. Tú eres muy bonita. Yo no. ¡Pero puedo conquistarte porque la belleza del alma prevalece sobre la física! Tú eres alta. Yo no. Pero puedo conquistarte porque soy grande a través de mi carácter y caballerosidad. Tú eres rica, tienes un padre millonario. Yo no. ¡Pero puedo conquistarte porque la riqueza del ser humano no está en sus cuentas bancarias sino en sus virtudes e intenciones! Tú hablas inglés. Yo no. ¡Pero puedo conquistarte porque todos tenemos diferentes habilidades; yo hago cosas que tú no, y las que haces, si son importantes para ti, las puedo aprender!

Dices que somos muy diferentes. Y es cierto. En muchos aspectos eres mejor que yo. Y está bien. Considero que la mujer debe ser superior a su pareja en ciertas áreas y que juntos pueden lograr un equilibrio de aportaciones... ¡Hay hombres que se desaniman ante cualquier obstáculo (o ante el primer rechazo de la mujer amada), y en un acto de cobarde egolatría, o pereza disfrazada de dignidad, se dan la vuelta para huir! Yo no voy a huir. Yo voy a luchar, porque, quiero a una mujer brillante junto a mí. Porque te quiero a ti.

El oficio de escritor es muy solitario. Aprende a amar la soledad. Y concéntrate. Mientras escribas no tomes llamadas, no recibas visitas, no contestes mensajes. Tu rincón puede ser grande o pequeño, lujoso o sobrio. Es lo de menos. (Durante un tiempo, yo escribía en una pequeña bodega del garaje, junto a las latas de aceite y herramientas). Solo debe tener tres requisitos indispensables: mesa, buena luz y puerta. La puerta es lo más importante. ¡Ciérrala! Busca la privacidad. Y a continuación atrévete a más. Desnuda tu alma.

Manuscrito 7.
AMOR, TE BRINDO MIS ATRIBUTOS

PG: UNA CARTA EN LA QUE EXALTO A MI PAREJA, LE DESCRIBO LO QUE YO SOY, Y SE LO OFREZCO.

Sigue estos pasos:

1. En una hoja aparte ***describe tu personalidad****. Con transparencia y sencillez. Esboza los 5 atributos que te definen.*

2. Piensa cómo podrías poner esos atributos al servicio de la persona que amas, a beneficio de esa relación que quisieras engrandecer.

3. Ahora sí. Escribe la carta aquí. El título: Amor, te brindo mis atributos. Habla desde tu ***voz interna;*** *haz un documento de ofrenda afectiva en el que te describas de forma sutil, pero con el* ***propósito gobernante*** *de ELOGIAR A TU PAREJA Y EXALTARLA. Escribe con el corazón.*

Antagonistas creíbles

HAZ QUE LOS MALOS DEN MIEDO

CREA INDIVIDUOS O ELEMENTOS QUE AMENACEN, LASTIMEN O CAUSEN PROBLEMAS A TUS PROTAGONISTAS. GRAN PARTE DEL ÉXITO EN TU HISTORIA DEPENDE DE QUE SEPAS CREAR ANTAGONISTAS VEROSÍMILES.

Una historia sin antagonistas o con antagonistas débiles es plana y aburrida. Una historia con antagonistas exagerados es ridícula e infantil.

LA CONFORMACIÓN DE ESTOS PERSONAJES ES TODA UNA CIENCIA.

El Santo contra las momias pasó de moda hace décadas. Hoy ningún niño se lo creería. No le des a los antagonistas atributos de fealdad o ridiculez. En las caricaturas, los malos son siempre monstruosos; en las obras serias, no, porque reproducen la vida real: "las personas más infames parecen buenas y de pronto dan la sorpresa de que no lo son".

Tu reto más grande como escritor es crear una tensión dramática verosímil. Dale a los antagonistas razones que justifiquen sus actos detestables. Hazlos humanos también.

En mi primer libro *Los ojos de mi princesa*, el promotor pornográfico que invitó a José Carlos a subir al auto (quería secuestrarlo con fines de trata sexual) parecía un inocente profesor de biología. José Carlos accedió, engañado por un malo que aparentaba ser bueno (punto a favor). Claro que, después, (*mea culpa*) cometí el error de describir a este personaje como "anormal y desagradable; bizco, cacarizo, moreno de cabello largo y grasoso". Solo me faltó decir que tenía uñas negras y dientes de vampiro. ¡Lo siento! No es fácil resistir el deseo de desquitarse con los malos haciéndolos feos.

En el caso de *Sheccid, cuando el amor duele*, me enfoqué en hacerlo mejor: Adolfo (quien seduciría a Sheccid, la controlaría, la lastimaría y llegaría incluso a golpearla) era enigmático, pero atractivo.

> Adolfo entró al salón sonriendo. Varias compañeras se acercaron a él y lo rodearon. Medía uno ochenta de estatura, tenía espaldas anchas, complexión robusta casi en el límite de la esbeltez, cara cuadrada, ligeramente autóctona con rasgos de mestizaje descarado entre español e indígena. Lo más raro de Adolfo era su largo cabello castaño claro con una banda alrededor de la cabeza. No parecía de nuestra camada. Seguramente había perdido un año o dos de estudios, porque se veía mayor.

Sé fuerte y no sucumbas ante la tentación de hacer antagonistas monstruosos, o tus lectores se reirán.

¡HAZ QUE LOS MALOS DEN MIEDO!

Esto lo explica muy bien Stephen King en su libro *Mientras escribo*:

> Annie Wilkies, la enfermera que tiene prisionero a Paul, en mi libro Misery, es una psicópata, pero se ve como una persona cuerda y sensata; de hecho se considera una heroína, una mujer con muchos problemas que intenta sobrevivir en un mundo hostil. La vemos experimentar cambios de humor peligrosos, pero hice lo posible por evitar pronunciarme con frases como "Annie amaneció deprimida y

quizá hasta con pulsiones suicidas", o "parecía que Annie tuviera mejor día de lo habitual". Si tengo que decirlo, salgo perdiendo. Gano, en cambio, si puedo enseñar a una mujer callada y con el pelo sucio, devoradora compulsiva de galletas y caramelos, y lograr que el lector deduzca que Annie se halla en la fase de depresión de un ciclo maniaco-depresivo. Y si puedo comunicar la perspectiva del mundo de Annie, aunque sea brevemente (si puedo hacer entender su locura), quizá consiga que el lector simpatice con ella, e incluso que se identifique. ¿Resultado? Que da más miedo que nunca, porque se aproxima más a la realidad. Si la convierto en una arpía siniestra solo será una bruja de cartón.

VOLVAMOS A NUESTRO CCS.

Los antagonistas más fuertes de tu vida son ***personas cercanas***. A veces familiares. El documento que vas a escribir ahora tiene que ver con eso. Tal vez te sea difícil redactarlo. Incluso quizá sientas temor. (Los antagonistas reales nos intimidan), pero debemos enfrentarnos a ellos con respeto para liberarnos de su tiranía.

Si alguien cercano se burla de ti, te acosa, te descalifica, ve tus decisiones como locas o equivocadas, escríbele una carta. Las cartas permiten que el otro escuche, sin argumentar.

VE CÓMO LO HIZO JOSÉ CARLOS:

Papá. Hoy me dijiste que soy un niño y que nunca he sentido el amor. Te molestaste porque no quise seguirle el juego a una chica que (según tú), está loca por mí. Discutimos. La conversación dio un giro inesperado. Me llamaste inmaduro y ridiculizaste mi sueño de ser escritor. Varias veces me has dicho que pierdo el tiempo, que los escritores se mueren de hambre, que no me quieres ver convertido en mendigante. Pero yo escribo a escondidas. A escondidas de ti, para que no me regañes. Ni siquiera me conoces bien. Por favor, compréndelo. Yo soy escritor. Lo he decidido. Aunque me veas muy joven escribo historias de amor y creo en el amor.

Deseo pedirte una disculpa por haberte gritado, pero no te imaginas cómo me dolieron tus palabras. ¿Acaso quieres que juegue con los sentimientos de alguien para demostrar mi hombría? Yo considero que la hombría es algo distinto. Es no herir a otros, porque a mí no me gustaría que me hiriesen. ¿Sabes, papá?, puedo demostrar que soy un hombre completo y caballeroso. En primer lugar, respetando a las mujeres, porque tengo una madre y dos hermanas... y después... siendo siempre honesto. Sé aceptar mis errores, pero esta vez el error no ha sido mío. No digas que soy un niño que no ha sentido nunca el amor porque te amo a ti... ¿No es eso suficiente?

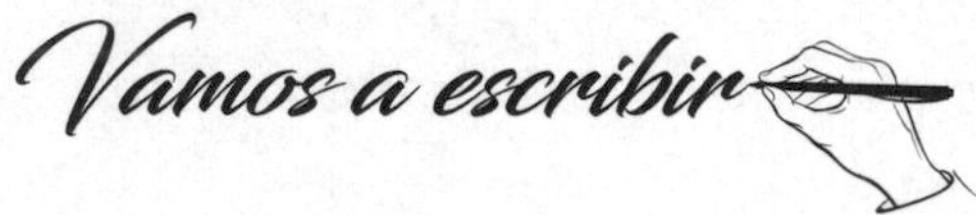

El verdadero escritor lo es veinticuatro horas al día. Escribe cuando está en su rincón privado, pero también lo hace en su mente cuando está comiendo, ejercitándose o incluso durmiendo. Todo lo vincula a sus escritos. Porque así lo ha decidido. Porque así se hacen las grandes obras. Hagamos el ejercicio de hoy.

Manuscrito 8. **QUERIDO ANTAGONISTA**

PG: RECLAMO ELEGANTE HACIA ALGUIEN QUE ME HA MOLESTADO, PARA DEJAR LAS COSAS EN CLARO Y EXPRESAR LO QUE ME INCOMODA.

Esta vez la carta no es para tu pareja. Es para uno de los antagonistas de tu vida. Elige a alguien real, de preferencia que no sea tu padre (a él le reservamos otro ejercicio).

Comienza describiendo a esa persona, dile como es. Asegúrate de que la descripción que hagas de él o ella sea objetiva, no ofensiva. Describe sus virtudes, y después menciona la forma en que todo eso "bueno" tiene un molesto lado "malo". Aclara las cosas y exige cortésmente un cambio.

Si escribes con el corazón. Descubrirás heridas que creías curadas, y hallarás, al escribir, una nueva forma de sanar.

Reto #9

Empatía

ESTRECHA RELACIONES

CONSIGUE QUE EL LECTOR SE PONGA DEL LADO DE UN PERSONAJE Y HASTA SIENTA AFECTO POR ÉL. LOS PERSONAJES EXISTEN PARA ESO: PARA RELACIONARSE ENTRE ELLOS Y CON EL LECTOR.

Mi hija y yo tenemos una clave secreta. Te la voy a compartir (y va a dejar de ser secreta).

LAS SIGLAS PEV.

Cuando yo hago algo por ella y ella me da las gracias, le escribo un mensajito en el celular con esas letras. PEV. Cuando ella me ayuda o me brinda apoyo, firma como PEV. Si nos damos ánimo, decimos PEV.

SIGNIFICA *PARA ESTO VIVO*.

Vivo para ayudarte, para amarte, para compartir momentos de calidad contigo, para invitarte a ser más feliz, para estar a tu lado en las buenas y en las malas.

ALGO SIMILAR OCURRE CON LO QUE ESCRIBES.

Fueron nuestras primeras leyes de propósito: *Tus personajes viven para conectarse entre ellos y con el lector*.

La conexión o relación estrecha se da en la bondad humana. Incluso en la debilidad.

Es fácil relacionarse con personajes de buen corazón que

cometen errores (como nosotros), pero que luchan por salir adelante. Por otro lado nadie se relaciona con soberbios, engreídos, groseros, procaces, promiscuos, egoístas o malintencionados.

Si el lector no *simpatiza de verdad* con al menos uno de tus personajes, dejará la lectura en cualquier momento.

Ahora voy a decirte otro secreto de la narrativa: ***Los personajes secundarios*** no conectan con el lector, conectan con los principales y los sustentan. Así, también es importante crear ***personajes secundarios*** que aparezcan de forma esporádica, generen relaciones conflictivas o inspiradoras con los principales.

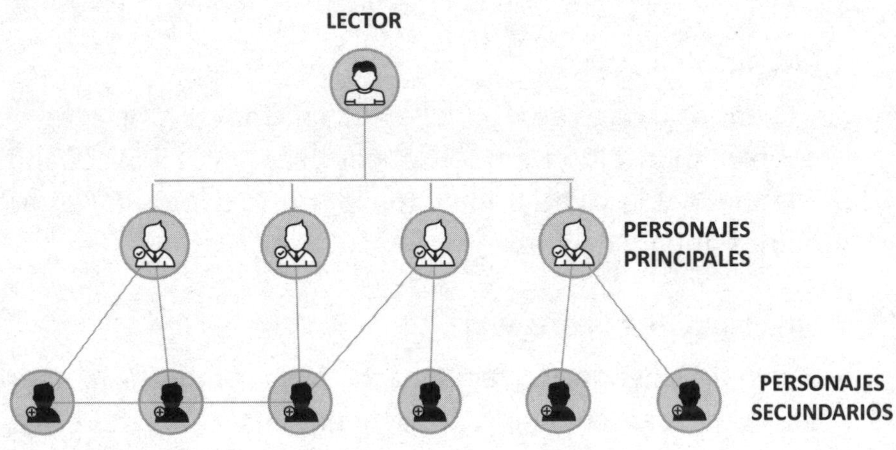

Ve este ejemplo.

La hermana de José Carlos es un ***personaje secundario*** en la historia *Los ojos de mi princesa 2*, tiene una relación estrecha con José Carlos, le da sustento y lo empuja para que él se conecte con el lector.

Hermano:

Sé que debes estar cansado de que la gente te critique. Pero quiero decirte que si recibes ataques es porque tu determinación asusta a los demás. Intimida.

En casa todos te observamos mucho. Sobre todo yo. Disfruto verte competir en ciclismo. Me siento muy orgullosa cuando ganas medallas. Tengo fotos tuyas que enseño a mis amigas. También presumo que eres escritor. Adoro tu novela. La he leído varias veces. Nunca te lo digo para que el ego no se te suba. Además me gusta hacerte rabiar. Pero te admiro.

Me fascina la forma en que piensas sobre el amor. Aunque hoy en día la mayoría de los muchachos solo desean divertirse y tener aventuras sexuales, tú respetas a la chica que amas.

Toda mujer sueña con un hombre que sea su confidente, su protector, su amigo con quien pueda desahogarse cuando lo necesite... Un hombre que la sepa escuchar, que no la juzgue duramente si se equivoca, que la guíe con seguridad, pero que al mismo tiempo la trate como a una princesa.

Tú serás así con tu pareja. Lo sé.

Espero que mañana, cuando encuentres a esa chica, a la que tanto has idolatrado, todo resulte como lo esperas.

¡Mereces lo mejor!

Pienso que si ella te amó aunque sea un poquito, al verte de nuevo, se encenderá el fuego entre ambos. Sigue buscándola. No te desanimes.
Te adora,

tu hermana Pilar.

2 PERSONAJES

Observa que la fuerte relación entre los dos hermanos genera un vínculo inspirador. El lector se identifica con ellos.

Crea conexiones. Para eso viven tus personajes. PARA ESO ESCRIBES TÚ (PEE).

En las buenas relaciones como la representada en la carta que acabas de leer, las personas reconocen sus aciertos y virtudes. Es lo que yo llamo ***Acariciar el alma.*** Un buen ejercicio de conexión entre personajes y personas es ese: el alma, como el cuerpo, también se acaricia, ***el cuerpo se acaricia con la piel, el alma con palabras***.

Alguien que sabe brindar elogios sinceros y desinteresados sabe ***Acariciar el alma*** de los demás, ¡y al hacer eso crea relaciones estrechas!

Da resultados, no pretextos. El mundo está lleno de soñadores que terminan por hacer nada. Eso sí. Siempre tienen una excusa de por qué fallaron. O varias. El único libro que ellos podrían crear sería el "*Compendio de pretextos para no lograr tus sueños*". Tú eres diferente. Sueñas, pero también actúas. Escribe, por favor.

Manuscrito 9.
FORTALECIENDO UNA RELACIÓN VALIOSA

PG: UNA CARTA DE EMPATÍA SINCERA, PARA ELOGIAR A ALGUIEN A QUIEN DESEO ENALTECER.

Escríbele a un lector inesperado. Acaricia el alma de tu her-

mano, amigo o familiar. Háblale con sinceridad, para decirle sus virtudes y aciertos. Muéstrale cuánto lo admiras y aprecias. Elógialo. Usa palabras sinceras. Háblale de tú. No seas como los hipócritas que solo elogian cuando tienen interés. Escoge enaltecer a una persona no porque te pueda dar algo material a cambio. Deja bien claro que la carta de elogio es solo porque sí. Usa tu voz auténtica.

Este documento es un ejercicio para crear conexión, pero también para fortalecer una parte de tus relaciones humanas... después de todo: PEV. (Y PEE).

2 PERSONAJES

TERCERA PRUEBA A SUPERAR:

Haz la estructura

PRUEBAS SUPERADAS HASTA EL MOMENTO:

✓ Ya tenemos a nuestro lector en mente, PG y tipo de texto por escribir.

✓ Ya creamos a nuestros personajes.

Ahora sí. Hemos llegado al momento más deseado: ***Contruiremos la historia***.

Pero, un momento.

¿Alguna vez te has puesto a construir una casa guiado por tus sentimientos y corazonadas, dando instrucciones espontáneas a los albañiles, y lanzando ideas al aire? Yo sí. Es la forma más desgastante de hacerlo, porque todo sale mal y hay que pagar mil cambios sobre la marcha que cuestan dinero y tiempo.

Un buen constructor, antes de levantar el primer ladrillo, hace planos, cálculos, presupuestos, modelos a escala, maquetas, dibujos tridimensionales.

Para construir con calidad hace falta un proyecto ejecutivo. Así trabajan los buenos arquitectos. Y los buenos escritores. Jamás lo olvides: Un aprendiz improvisado no calcula, no proyecta, se pone a trabajar sin pensar. Pero tú eres un profesional.

La siguiente prueba es para profesionales.

TERCERA PRUEBA DE *ESCRITORES* CCS 7-25:

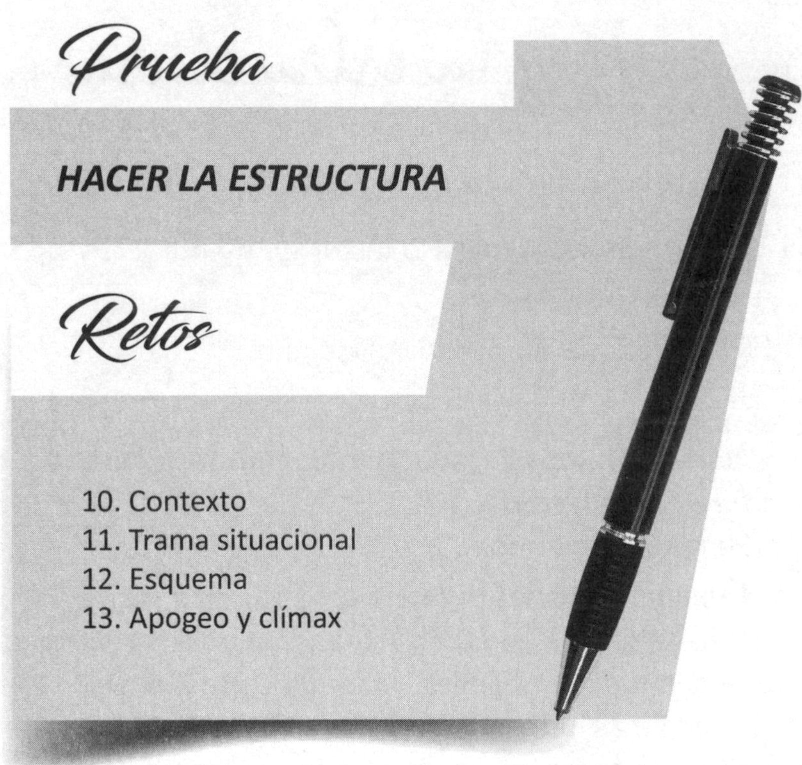

Reto # 10

Contexto

DEFINE TU MARCO TEMPORAL

REDACTA DÓNDE Y CUÁNDO SUCEDE TU RELATO: CIRCUNSTANCIAS SOCIALES Y CULTURALES QUE ENMARCAN TU HISTORIA.

Si pensamos en términos de construcción arquitectónica, lo primero que debemos analizar es "dónde está nuestro terreno". Qué hay alrededor. Qué servicios tiene. Cuál es su uso del suelo. (*Ubicación, ubicación, ubicación*).

En términos literarios, sucede lo mismo. No se escriben igual los diálogos, ideas o situaciones de dos enamorados en Francia durante el siglo XVI, que en el viejo Oeste, que en el esplendor de la cultura Inca, o en una nave espacial del futuro.

VE ESTO:

José Carlos le dio un pequeño sorbo al té. Miró hacia el balcón. Sheccid Deghemteri llegaría en unos minutos. Tenía mucha curiosidad de volver a verla. Habían pasado muchos años. En la calle los autos tocaban el claxon. Había un embotellamiento colosal. ¿Quién lo hubiera pensado? Las películas futuristas de los años ochenta pronosticaron que en la segunda década del siglo veintiuno los autos volarían. Pero se equivocaron. ¡Ahora los autos no solo no volaban sino que estaban obligados a "descansar" en los garajes alternadamente por el programa "hoy no circula" que el gobierno había implementado para evitar niveles letales de contaminación! En veintisiete años hubo pocos

> avances en el transporte. Por otro lado, nadie imaginó que en el año 2014 todas las personas tendrían un dispositivo móvil que sería a la vez teléfono, televisión, radio, discoteca, radar, localizador, enciclopedia, cámara, biblioteca, cine, correo, telégrafo, agenda, centro de juegos, máquina de escribir, calculadora, banco, calendario y robot para platicar.

3 ESTRUCTURA

¿Observas cómo, dentro de la narración principal es factible deslizar datos que definen el ***Marco temporal***? ¿Percibes cómo *eso* favorece el entendimiento de escenas que están sucediendo?

En *Los ojos de mi princesa*, los personajes usan teléfonos públicos de monedas, no tienen computadoras, se ven acosados por un promotor de pornografía *impresa*, no se saludan de beso sino de mano...

Definir el ***Marco temporal*** ayuda a justificar de manera honrosa ciertos sucesos, pensamientos, hábitos o conductas del tiempo y lugar al que tu texto se refiere.

VE ESTE OTRO EJEMPLO:

> 1978. Ciudad de México. Gobernaba José López Portillo y era un tiempo de agitación política en el mundo. El muro de Berlín permanecía erguido y más vigente que nunca. La gimnasta Nadia Comaneci, de catorce años, se había convertido en un ídolo de la juventud. John Travolta había puesto de moda la música disco. Los jóvenes escuchábamos una estación de radio en AM llamada *La pantera*. Los televisores tenían una perilla redonda con trece canales y una U. Internet era un tema descabellado de ciencia ficción, y aunque la gente no tenía computadora en casa, controles remotos, teléfonos celulares, cámaras de video portátiles ni relojes digitales, la difusión ilegal de la por-

nografía y de la droga iniciaban su enorme expansión entre los estudiantes. En ese marco fui secuestrado por un productor de material pornográfico.

Lloviznaba. Las clases en la secundaria habían terminado; caminaba de regreso a casa cuando un Datsun rojo se detuvo junto a mí...

Tu libreta de *Conflictos, creencias y sueños* tendrá un gran valor para ti, será una especie de "memoria emocional". Por ello es importante que enmarques tu realidad geográfica, social, política y económica.

Deja huella. Tal vez lo que escribas hoy trascienda y sea leído por tus hijos, nietos o bisnietos. Para ellos, y para tus lectores de otras latitudes, será interesante conocer tu contexto. Aunque el ambiente que te rodea te resulte, digamos, cotidiano y obvio, no lo será para quienes lean tus escritos dentro de diez o quince años. El mundo se transforma día a día. Así que vamos.

Manuscrito 10. **MI MARCO TEMPORAL**

PG: RETOS Y OPORTUNIDADES ACTUALES. CIRCUNSTANCIAS SOCIALES, POLÍTICAS Y ECONÓMICAS QUE ME RODEAN. PRESENTAR MI MUNDO.

Define el marco temporal que estás viviendo: tu entorno social; lo que pasa en el mundo y en tu país. ¿Qué ambien-

te se respira en este momento?, ¿qué temores prevalecen?, ¿qué situaciones te rodean, brindándote esperanzas, oportunidades u obstáculos?

Para que no resulte aburrido, expláyate con imaginación. Por ejemplo, podrías describir a una persona (tú mismo) que va oyendo sus audífonos mientras camina y tiene sentimientos encontrados por el ambiente en el que se mueve. O podrías describir a un grupo de amigos viendo y comentando el resumen televisivo del año. O usa cualquier otra aproximación creativa hacia tu contexto.

3 ESTRUCTURA

Reto #11

Argumento y trama

PLANEA EL VIAJE

ESCRIBE ARGUMENTO Y TRAMA. *EL ARGUMENTO* ES EL RESUMEN DE LA HISTORIA "PONIENDO LA LUPA" EN LA PROBLEMÁTICA PRINCIPAL. *LA TRAMA* ES UNA LISTA DE PUNTOS A TOCAR, COMO SI HICIÉRAMOS EL ITINERARIO DE UN VIAJE.

Antes de comprar un libro, sueles leer el texto del reverso, la cuarta de forros. ***Eso es el Argumento***. Antes de ir al cine, lees una sinopsis de la película. ***Eso es el Argumento***. El argumento es una ***LUPA*** que te deja ver ***La problemática aumentada***. Así que, para escribirlo, debes preguntarte: ¿Dónde pongo la ***LUPA***?

> *La vida de Teodoro es multifacética (como la de todos): de niño vio pelear a sus padres. Amaba la música. Tocaba la guitarra. Dejó los estudios para unirse a un grupo de amigos que comenzaron a cometer actos ilícitos. Por culpa de ellos estuvo en la cárcel. Cuando salió de prisión viajó a la montaña para dar clases de música. Ahí se enamoró de Constanza.*

Si escribimos la vida de Teodoro con esos datos, el resultado sería una aburrida biografía, *las aventuras cotidianas de Teodoro*. Pero nosotros hacemos las cosas bien. Queremos resultados sobresalientes; así que comenzaremos creando un ***Argumento***. Para ello nos preguntaremos: ***¿Dónde pondremos la lupa?***

VOY A DARTE TRES OPCIONES.

ARGUMENTO 1. (Víctima de violencia).

Teodoro es hijo único de una pareja disfuncional. De niño presencia golpes y gritos entre sus padres; al crecer, Teodoro repite la violencia que ha vivido. Es expulsado de la escuela y se une a un grupo delictivo. Encerrado en la cárcel conoce el límite de la barbarie. Sale libre y viaja a la montaña para encontrarse a sí mismo y escapar de las pesadillas que lo persiguen. Ahí se enamora de una mujer que lo ayuda a superar los traumas del maltrato.

ARGUMENTO 2. (Genio musical).

Teodoro ama la música. Desde niño evade sus problemas familiares tocando la guitarra. En la escuela lo tildan de rebelde. Abandona los estudios para formar su propia banda. Es acusado de delitos ajenos. Aun en la cárcel sigue luchando por tocar la guitarra; cuando logra salir, viaja a la montaña y da clases de música a los niños de una comunidad indígena.

ARGUMENTO 3. (Drama de amor).

Teodoro y Constanza se conocen en la montaña, en medio de un ambiente hostil. Alrededor de ellos hay caciques sediciosos. Ambos imparten clases en una escuela rural; él de música, ella de pintura. Se ayudan mutuamente a sanar viejas heridas; se enamoran. Pero Constanza desaparece. Teodoro sospecha que ha sido secuestrada. Emprende una búsqueda desesperada.

INTERESANTE ¿NO CREES?

¡Es el mismo personaje, con sus recovecos y destrezas! Protagonista de una historia que puede contarse en tres (de hecho en muchas) formas. ***Depende de dónde pongamos la LUPA***. ¿Comprendes la importancia del ***Argumento***?

AHORA VAMOS CON LA TRAMA. IGUAL O MÁS IMPORTANTE.

La trama es como el itinerario de un viaje. Una lista de SITUACIONES planeadas (como *check list* ✓) que menciona los puntos por tocar:

EJEMPLO DE TRAMA PARA LA NOVELA *TEODORO Y CONSTANZA*; ELIGIENDO EL ARGUMENTO "DRAMA DE AMOR".

① ***POBLADO EN LA SIERRA.*** *Teodoro acaba de salir de prisión. Viaja a la montaña. Es profesor de música. Voluntario. Al llegar a la aldea, los indígenas lo agreden.*

② ***CENA.*** *Conoce a Constanza (maestra de pintura), y a dos profesores más. Le explican de los peligros que corren.*

③ ***CLASES DE MÚSICA.*** *Lo vigilan. Indígenas violentos no permiten que los niños aprendan español, ni a leer.*

④ ***OFIDIO.*** *Alguien mete una serpiente venenosa a la choza de los profesores voluntarios mientras duermen.*

⑤ ***DESERCIÓN.*** *Dos maestros deciden irse. Solo se quedan en la aldea Teodoro y Constanza.*

⑥ ***HISTORIA DE CONSTANZA.*** *Ella se desahoga. Hace años ocasionó un accidente. Murieron dos personas. Fue acusada de homicidio imprudencial. También estuvo en la cárcel.*

⑦ ***ROMANCE.*** *Teodoro y Constanza se protegen. Viven aventuras que los unen. Su amor crece de forma exponencial.*

⑧ ***LOS NIÑOS.*** *Escenas de cariño e identificación con los pequeños indígenas. A escondidas les enseñan a leer y a hablar español.*

⑨ ***AGITADORES.*** *Un grupo de agresores llegan con antorchas y palos para golpearlos. En la huida Constanza desaparece.*

⑩ ***BÚSQUEDA.*** *Teodoro regresa acompañado de la policía. Tratan de encontrar a Constanza. Temen por su vida.*

⑪ ***PELEA.*** *Los rebeldes atacan salvajemente a Teodoro y a los policías. Hay varios heridos. El jefe sedicioso muere.*

⑫ ***HALLAZGO.*** *Encuentran a Constanza protegida por indígenas que se han rebelado contra la opresión.*

⑬ ***PRESENTACIÓN PÚBLICA.*** *Llega la televisión y dirigentes de diversas fundaciones. Ceremonia. Los indígenas cuentan cómo se liberaron de la barbarie. Teodoro dirige un grupo musical. Constanza presenta a los niños pintores.*

OBSERVA:

La trama es "situacional" porque establece una ruta con situaciones.

Mediante la ***Trama***, el escritor traza el itinerario, pero no intenta saber con exactitud lo que va a suceder en el viaje. Solo establece los puntos por tocar y deja abiertas las posibilidades para crear detalles sobre la marcha. Permite que sus personajes opinen, actúen y hablen con libertad dentro del trayecto.

Visto así, el proceso creativo es fascinante. El escritor se mueve con libertad, crea personajes vivos capaces de actuar de manera autónoma en cada situación; escribe tramas y descubre, al desarrollarlas, detalles que nunca imaginó.

MIRA ESTA PEQUEÑA TRAMA Y SU DESARROLLO.

TRAMA:

① ***PASMADO.*** *Estoy en cama. Veo mis heridas.*

② ***REMORDIMIENTO.*** *Recuerdo el certamen ciclista.*

③ ***LA NIÑA.*** *Aparición imprudente de la hija del entrenador.*

④ ***ACCIDENTE.*** *Ella entra corriendo sin voltear a los lados.*

⑤ ***POSTRADOS.*** *Locura en la pista.*

DESARROLLO:

Me muevo despacio para acomodar mi cuerpo maltrecho. Tengo la piel en carne viva; el antebrazo quemado y las piernas llenas de raspones. Pero mis heridas no son nada comparadas con las de la niña que atropellé. No puedo dormir. Estoy abrumado por los recuerdos.

Hoy se llevó a cabo la medición de tiempos para seleccionar a los ciclistas que viajarán al campeonato mundial. Fue un certamen importante.

Hice mi mejor esfuerzo. Pedaleé en línea con tres compañeros. A la entrada de cada curva, el líder en turno le cedía el paso al siguiente y se formaba detrás de la fila. Estábamos haciendo un gran tiempo. Entonces ocurrió lo increíble. La hija de mi entrenador, de escasos seis años, se asomó por la puerta de la pista buscando a su papá. Vi a la niña cuando íbamos entrando a la recta principal. Éramos cuatro ciclistas en bicicletas con engranaje fijo. ¡Sin frenos!

Me salí de la fila para prevenirla...

—¡Hey, cuidado! —grité.

La pequeña alcanzó a ver a los ciclistas de la fila, pero no me vio a mí. Echó a correr hacia el interior del velódromo levantando la mano y gritando "papá". Su movimiento fue instantáneo e impredecible. No pude anticiparlo. ¡De pronto la tuve frente a mí! Vi cómo se insertaba en el manubrio, atoraba la rueda delantera, se metía debajo de mis pedales, golpeándose con el suelo. Todo en unos segundos. No pudo ni gritar. Yo tampoco. Salí catapultado por los aires. La bicicleta dio una maroma sobre mis hombros... la nena rodó detrás.

Ella quedó tirada sobre la duela, inconsciente. Permanecí en el suelo mirando entre nubes hacia atrás. Nadie acudió a ayudarme. Todos los presentes, como locos, rodeaban a la chiquita y vociferaban pidiendo auxilio. Cerré los ojos y le pedí a Dios que estuviera bien. Sigo esperando su respuesta.

Vamos a escribir

Tú eres profesional, no haces las cosas de forma improvisada. Sabes que todo gran proyecto requiere una mínima planeación. Y escribir es un gran proyecto. Así que a partir de hoy, redactarás **Argumentos** y **Tramas**. Hacerlo te dará una visión clara de hacia dónde quieres ir. Siente la diferencia de escribir, de ahora en adelante, con estas herramientas.

Manuscrito 11. **MI ENFERMEDAD**

PG: UN RELATO DE LA ADVERSIDAD FÍSICA POR LA QUE HE TENIDO QUE ATRAVESAR. PARA COMPARTIR CON MI PAREJA MIS LUCHAS SECRETAS.

*Tienes un físico maravilloso, que por desgracia, también ha sufrido enfermedades. Has tenido que sobrepasar tratamientos médicos, dolores y temores. Abre tu corazón. Relata con toda transparencia esas luchas secretas del cuerpo y comparte con tu pareja cómo las has superado. Planea tu relato escribiendo **argumento y trama**. Después, escríbelo.*

ARGUMENTO (dónde pones la lupa):

TRAMA (una lista de situaciones):

DESARROLLO (cuenta la historia):

Reto #12

Esquema riguroso

EN TUS PRIMEROS VIAJES, HAZ MAPAS EXHAUSTIVOS

SIEMPRE QUE ESCRIBAS *ENSAYOS*, Y DURANTE TUS PRIMERAS DIEZ MIL HORAS DE PRÁCTICA EN *NARRATIVA*, REDACTA TABLAS DE CONTENIDO (DESGLOSE DETALLADO DE CADA PUNTO) QUE TE DEJEN VER LA OBRA COMPLETA *ANTES DE ESCRIBIRLA*.

YA DIJIMOS QUE EL ARTISTA SE MUEVE CON *LIBERTAD*.

Que el escritor experto crea personajes vivos capaces de actuar de manera autónoma en cada "situación", y descubre horizontes que no existían. Algo mágico. Pero, malas noticias. Pongamos los pies en la tierra. Eso casi no se da. No *al principio*. Se necesitan muchas horas de vuelo para hacer que suceda. El milagro de crear situaciones abiertas, personajes libres y emociones adictivas está fuera del alcance de la mayoría... *al principio*.

VAMOS A VER.

Si queremos alcanzar niveles de maestría en cualquier disciplina (tocar el piano, pintar, esculpir, cantar, jugar tenis, y por supuesto escribir), debemos dedicarle un promedio de tres horas diarias durante diez años. *Diez mil horas*. Antes de esas diez mil horas nuestros personajes serán inexpertos y viscerales; bobos con iniciativa. Si los dejas moverse se saldrán de control y romperán tu historia. Tú no quieres que eso pase. Debes ponerles límites. ¿Cómo?

REDACTA ESQUEMAS RIGUROSOS.

Hacer esto es ***necesario en*** la NARRATIVA (y podrás dejar de hacerlo con los años), pero ***obligatorio y permanente*** en los ENSAYOS.

VOY A CONFESARTE ALGO.

Durante la escritura de este libro experimenté un terrible caos. Empecé con gran entusiasmo. ¡Tenía tanto que decir, y arranqué apasionadamente!

Poco a poco me fui enmarañando en un revoltijo de técnicas y consejos. Los hilos se me enredaron y el libro se convirtió en un amasijo de discursos desarticulados. Había invertido ocho meses ¡para nada! Entonces puse un alto y me di cuenta de que todo ese caos se debía a que no tenía un buen ***Esquema riguroso***. Me había puesto a redactar partiendo de una especie de ***trama situacional***. Craso error. Tengo más de diez mil horas escribiendo novelas, sé trabajar con ***tramas***, pero una obra EXPOSITIVA (como esta) no es una novela ¡es un ensayo!, y los ensayos ***NO TIENEN TRAMA... No tienen situaciones***. Por fuerza necesitan del ***Esquema riguroso***.

Me miré al espejo y hablé muy seriamente conmigo. No fui amable ni cortés. Volví al estudio y recomencé. Tardé dos semanas en hacer el ***Esquema***. Cuando lo tuve, avancé a toda velocidad. El libro que me había costado casi un año concebir, lo parí en quince días.

¿Quieres conocer ese ***Esquema***? ¿La partitura de la sinfonía? ¿El despiece del mecano?

Amigo, amiga, la médula espinal de este libro es ***el índice***. Así como lo lees. ¿Te sorprende? Dirás *¿cuál es el chiste? ¡Todos los libros tienen índice! ¿Qué hay de especial en ello?* Te lo diré y espero que aquilates el valor del secreto: lo importante es que fue escrito ANTES que el libro. Significó una visualización completa y pormenorizada de lo que todavía no estaba hecho.

El índice es un mapa exacto en el que se muestra el temario, los retos, el desglose de ejercicios. Una especie de mapa descargado en el *GPS*.

Detente un minuto. Revisa el índice de este trabajo. Lo he dejado casi en su estado original, completo.

VOLVAMOS A LAS OBRAS LITERARIAS.

Seamos honestos. ¡Necesitarías ser un genio virtuoso como Sor Juana, Cervantes o Shakespeare para escribir bien *a la primera* (incluso ellos seguramente hicieron *esquemas* durante sus primeras diez mil horas de práctica)!

Aprende a pormenorizar el itinerario de viaje *minuto a minuto*. Construye un barandal de púas para que tus personajes primerizos no se salgan de la ruta.

Tomemos solo el primer punto de la trama de "Teodoro y Constanza". (Teodoro acaba de salir de prisión. Viaja a la montaña. Es profesor de música. Voluntario. Al llegar a la aldea, los lugareños lo agreden).

HAGAMOS EL ESQUEMA RIGUROSO DEL PRIMER PUNTO:

✓***OFICINA DE REINTEGRACIÓN SOCIAL.*** *Sitio maloliente, sin ventilación. Muchos desempleados están esperando. Teodoro, agobiado. Sin un centavo en la bolsa. La trabajadora social anuncia una oferta del gobierno para impartir clases de música en la sierra. Teodoro levanta la mano. Otros dos hombres también lo hacen. Discuten. Después de una polémica vehemente, la psicóloga le da el trabajo a Teodoro.*

✓***VIAJE A LA MONTAÑA.*** *En el autobús rural no logra acomodarse. Es un vehículo sucio, ruidoso, destartalado. Toda su* *vida ha viajado en carcachas. Está harto de dormir en el suelo, y aguantar miserias. Anhela llegar a ser millonario algún día. Quiere trabajar y ganar dinero honestamente. Revive escenas de su adolescencia y cómo llegó a la cárcel. Tiene pesadillas sobre la prisión. Abre los ojos. El autobús bordea un acantilado, la carretera de terracería es angosta, sinuosa y resbaladiza. El único pasajero que queda con él es un niño indígena abrazando a una gallina.*

✓**LA ÚLTIMA PARADA.** *El autobús se detiene. Baja. Un hombre canoso, de traje negro desgastado y corbata roja mal anudada, lo espera. Es funcionario. Le notifica que ha sido asignado a impartir clases de música en una comunidad a seis kilómetros de ahí. En la selva. El burócrata no puede acompañarlo, pero le muestra el camino. "No hay pierde; siga el sendero y llegará a la aldea antes de que anochezca".*

✓**PERSEGUIDO POR UNA SOMBRA.** *Teodoro carga su mochila y se echa al hombro la guitarra. Camina con rapidez. Siente la presencia de alguien que lo sigue. En una bifurcación se detiene a ver el mapa. Escucha el susurro de una presencia casi fantasmal. Pregunta quién anda ahí; nadie contesta. Al fin llega a un pequeño descampado en medio de la nada. Ya es de noche. Varias chozas de adobe se apiñan en semicírculo. Están alumbradas con antorchas.*

✓**RECIBIMIENTO.** *Se acerca a la aldea. Tres hombres aparecen cortándole el paso. Visten con ropa de manta y huaraches. Cargan escopetas. Salen de la espesura dos indígenas, también armados. En efecto, lo han estado siguiendo. Uno de ellos lo toma de la camisa y lo jala hacia la choza más alejada. Tocan la puerta. Abre una mujer. Dicen algo en su lengua y lo arrojan al suelo. Es el aposento de los maestros. Se da cuenta de inmediato. Son tan pobres y desafortunados como él.*

¿OBSERVAS?

El anterior es el ***Esquema riguroso*** del primer punto de una trama que tiene trece. Si puedes desarrollar los doce restantes, estarás listo para escribir la historia. (¿Por qué no te atreves, como ejercicio adicional? Te regalo la idea. Escribe la novela *Teodoro y Constanza*. Hazla vivir; créeme, sería una gran historia).

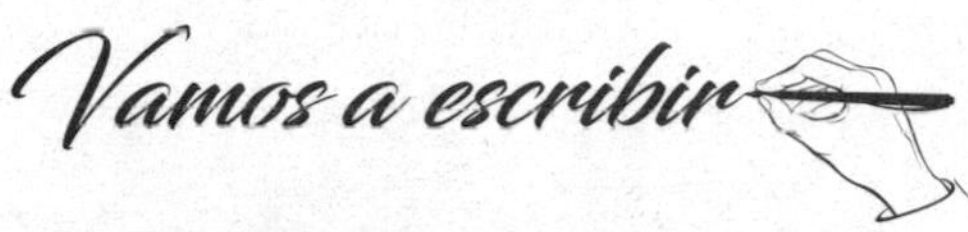

Ahora tienes más elementos técnicos. Úsalos. Respalda tus escritos con muchas horas de práctica. Diez mil al menos. Sé diligente. Agrégale una hora más a tu historial haciendo el siguiente ejercicio:

3 ESTRUCTURA

Manuscrito 12. **MI CRISIS FINANCIERA**

PG: RELATO DE MI PEOR MOMENTO ECONÓMICO Y CÓMO LO RESOLVÍ. LO QUE APRENDÍ RESPECTO AL DINERO. UNA CONFESIÓN PARA MI PAREJA.

Como Teodoro en sus primeras reflexiones, pon la lupa en aquel aprieto financiero que te causó un gran estrés. Haz el ***Argumento*** *de esa historia crítica (personal o familiar). Escribe una* ***Trama*** *con las situaciones de* ***cómo perdiste dinero, y tu ruta de recuperación.*** *Haz un* ***Esquema Riguroso*** *en el que plantees problemas, retos, perspectivas y convicciones sobre el dinero.*

Escribe el relato.

ARGUMENTO (dónde pones la lupa):

TRAMA SITUACIONAL (lista de situaciones):

ESQUEMA RIGUROSO (desglose detallado):

3 ESTRUCTURA

RELATO:

Reto # 13

Alternancia cronológica

EMPIEZA POR LO EMOCIONANTE

PARA LOGRAR UN MAYOR DRAMATISMO, APRENDE A *MOVER LA LÍNEA DE TIEMPO*, INICIANDO CON EL *APOGEO* Y ELEVANDO LA FUERZA DEL *CLÍMAX*. USA LA HERRAMIENTA RETÓRICA LLAMADA *ANALEPSIS*.

Casi siempre, empezar por el principio es aburrido. Lo bueno sucede en medio. A veces al final.

VOLVAMOS AL EJEMPLO DE *TEODORO Y CONSTANZA*.

Hagamos una versión mejorada, moviendo la línea cronológica. Primero preguntémonos: ***¿Cuál de las trece situaciones es crítica y angustiante para el protagonista?*** Hay varias. Podríamos elegir la cuarta: cuando alguien mete una serpiente venenosa a la choza de los profesores voluntarios mientras duermen. Imagínate que comienzas la novela justo en ese punto. No das antecedentes, no explicas nada. Solo inicias desde ahí: describiendo cómo el ofidio desliza su cuerpo escamoso por las cobijas, cómo Teodoro abre los ojos y quiere advertirle del peligro a sus compañeros. Luego relatas el momento en que la serpiente muerde a un profesor; los gritos de dolor, la urgencia de que reciba primeros auxilios y cómo acuden a la choza del médico brujo para pedirle ayuda. Más adelante, mientras el profesor desmayado lucha por la vida, Teodoro, Constanza y el otro maestro discuten sobre el peligro de trabajar ahí. En esa disputa manifiestan su miedo, su coraje y su desconcierto. Dan datos duros de lo que sucede en la aldea... Luego, ya en el silencio de la noche, a la luz de la luna, sin poder dormir Teodoro recuerda lo que pasó en los puntos 1 al 3 de la trama y entonces el lector se entera de los antecedentes...

Ahí todo el cuadro estaría completo, pero iniciaste con un apogeo. ¡Algo atrayente!

Contada así, la historia es mejor.

La clave es arrancar siempre desde un punto emocionante (*Apogeo*) y a partir de ahí construir el futuro y recordar el pasado.

La herramienta retórica del idioma para contar una escena anterior, cortando el orden cronológico, se llama ***Analepsis***.

- ***Apogeo*** es el momento crítico, donde los personajes sufren confusión, angustia, éxtasis, dolor, y suceden cosas urgentes.

- ***Clímax*** es la escena final decisiva, poco antes del desenlace, en la que convergen todos los elementos de emoción.

En una historia digamos de 10 situaciones, es común que el ***Apogeo*** sea la número 5 y el clímax la 9.

1 > 2 > 3 > 4 > **5** > 6 > 7 > 8 > **9** > 10

Si queremos atrapar al lector desde el inicio podemos empezar con el ***Apogeo***, agrandándolo, seccionándolo y haciendo que los personajes recuerden lo anterior.

5 > 1 > 2 > **5** > 3 > 4 > **5** > 6 > 7 > 8 > **9** > 10

En una novela ***puedes fabricar varios apogeos***. Pero siempre conviene elegir uno ***para iniciar***.

VEAMOS OTRO EJEMPLO.

La cabeza me punza. Descubro una herida. Me han rapado parcialmente. Acaricio los pelillos pegados a mi cuero cabellludo y el borde de una sutura diagonal en mi parietal derecho. Hago un esfuerzo por recordar. Es inútil. La angustia me roba el aliento otra vez. Solo sé que me llamo Sheccid Deghemteri y que sufrí un accidente. Pero me aterra no saber qué me pasó, dónde estoy, como llegué hasta aquí. Cierro los ojos. Respiro en pausas. Mi mente dibuja un recuerdo extraño. Me veo ahí, en un avión a punto de aterrizar...

Soy una niña de quince años, apretándome los dedos, mirando por la ventanilla. El tamaño de la ciudad es intimidante. Parece que caeremos sobre casas y edificios. Tengo un sobre entre las manos. Mi prima me lo dio cuando nos despedimos en el aeropuerto. Contiene una fotografía de ella misma, semidesnuda, exponiendo ante la cámara sus senos marcados con rajaduras, como de navaja, el rostro enrojecido, la boca rota y un ojo cerrado a causa de la hinchazón. En el reverso de la fotografía hay una nota escrita a mano, pidiendo auxilio.

Mi respiración se detiene. Abro los ojos de forma repentina en un reflejo imperioso de supervivencia. Inhalo con fuerza; jalo la manguera del suero y los electrodos adheridos a mi cuerpo. Una alarma comienza a sonar. Se enciende la luz de la habitación.

—¡Doctor! —alguien se acerca, gritando—. ¡Venga, doctor! Dios mío. ¡Despertó! ¡La paciente despertó!

Trato de arrancarme los cables que me aprisionan.

El anterior es una paráfrasis de cómo inicia mi novela más amada (*Sheccid*). Lo primero que el lector encuentra es un *Apogeo*. Luego suceden múltiples *Analepsis* para volver una y otra vez al *Apogeo*. Al escribir esta novela los personajes cobraron una vida asombrosa; casi pude tocarlos, lloré con ellos y me sorprendieron muchas veces. Pero debo confesarte que uno de los elementos que más los hizo grandes fue el ***cambio de tiempos***.

Si usas de vez en cuando esta técnica te divertirás y tus relatos serán más intensos. Solo asegúrate de que el lector no se confunda y sepa cuándo estás contando el presente y el pasado.

3 ESTRUCTURA

No pierdas tanto tiempo en las redes sociales e Internet. Lee y escribe más. Se notará en tus textos. Nunca será igual el primer libro de un autor que el trigésimo; no actúa igual en el quirófano un cirujano con diez operaciones que otro con mil. Poco a poco notarás que tus pasos de preparación se vuelven más rápidos y que tu producción es más certera.

Sube el escalón de hoy. No dejes las siguientes líneas en blanco.

Manuscrito 13. **EL MILAGRO QUE VIVÍ**

PG: NARRACIÓN DE UN EVENTO PELIGROSO Y LA FORMA EN QUE SALÍ A SALVO. REGALO GOZOSO A MI PAREJA DE ESE ACONTECIMIENTO.

Recuerda una situación que te puso en peligro a ti o tu familia. Tal vez un ataque de la delincuencia; una calamidad natural, un accidente; una cirugía, una situación mala que nadie esperaba. Redacta los detalles de cómo lograste superar ese riesgo y la alegría de poder contarlo ahora.

1. Escribe la ***Trama.***
2. Imagínate cómo podrías contar esa historia de manera más emocionante y cambia el orden de los puntos.
3. Haz el ***Esquema riguroso***
4. Escribe la historia.

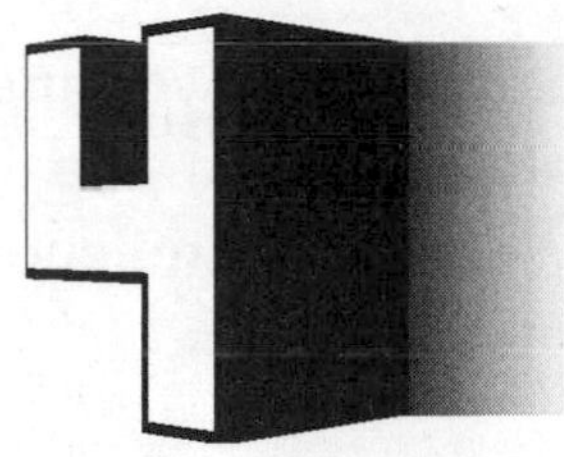

CUARTA PRUEBA A SUPERAR:

Decide la entonación

- ✓ Ya tenemos lector, PG y tipo de texto por escribir.
- ✓ Ya creamos a nuestros personajes.
- ✓ Ya hicimos una estructura fuerte.

Hablemos ahora de la entonación para relatar.

Recuerda este concepto:

UN LIBRO SE CREA EN 3 ETAPAS:

① Preparar.

② Producir.

③ Pulir.

Solo como dato curioso, nuestros primeros 15 retos (el 60%) son indispensables para la **PREPARACIÓN**, los siguientes 7 (el 30%) los usaremos de lleno para la **PRODUCCIÓN** y los últimos 3 (10%) los aplicaremos en la edición o **PULIDO**. Estamos llegando al pináculo de la ***preparación***.

¿Quién contará el cuento, con qué palabras y en qué énfasis?

Entonación es la modulación de voz que puede reflejar diferencias de sentido, de intención, y de emoción.

Un cuento suena *diferente* dependiendo de quién y cómo lo cuente.

Piensa:

¿Cómo se escucharía *La caperucita roja* narrada por el gobernador en su informe de gobierno? ¿Y cómo sonaría en la voz de un locutor deportivo? ¿Y si la dijera un sacerdote en su homilía? ¿Y qué tal narrada por el títere de un teatro guiñol?

¡Aunque se trate del mismo cuento, cada narrador le daría otro sabor, y la historia sonaría distinta!

Cuarta prueba para *escritores CCS 7-25:*

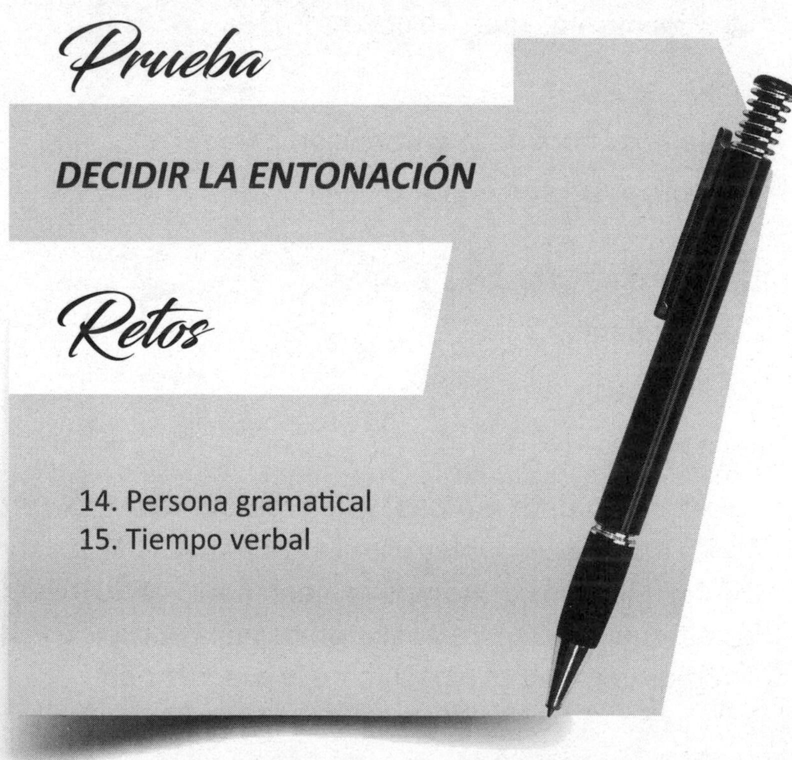

Reto #14

Persona gramatical

DECIDE QUIÉN CONTARÁ LA HISTORIA

ANTES DE ESCRIBIR UN RELATO DE FICCIÓN DEBERÁS ELEGIR EL TIPO DE NARRADOR EN EL QUE TE CONVERTIRÁS: PROTAGONISTA, TESTIGO, REMITENTE, OMNISCIENTE, FOCAL O PRAGMÁTICO.

Recordemos nuestras clases elementales de gramática. Los verbos se conjugan con tres pronombres.

- PRIMERA PERSONA: *yo - nosotros*.
- SEGUNDA PERSONA: *tú - ustedes*.
- TERCERA PERSONA: *él - ellos*.

Así, una narración puede estar escrita en cualquiera de las tres personas anteriores. Veamos.

PRIMERA PERSONA

Cuando el autor basa su narrativa en el pronombre **YO**:

Me llamo Felipe. Soy rey. La gente me considera un buen gobernante, pero me siento triste porque mi hija, la princesa Estrella, nunca sonríe.

Muy fácil. Pero tú eres escritor (lo voy a repetir hasta que te lo aprendas, o te lo creas). No puedes conformarte con información tan elemental. Debes conocer el tema más a fondo.

En primera persona existen 2 formatos:

1. ***Narrador protagonista***: el autor narra el cuento como si se tratara de su propia vida y se convierte en el personaje principal, centro de la historia.

2. ***Narrador testigo***: El autor narra con la voz de un personaje secundario, un observador. Aunque usa la primera persona (*yo lo vi*), aparece como un acompañante de los personajes principales cuya historia narra en tercera persona (*eso les pasó a ellos*).

Ventajas y desventajas de la primera persona:

Si eliges escribir en primera persona, tú formarás parte de la historia; el lector *creerá* que le estás contando una confidencia de tu propia vida; sonará como si todo estuviese basado en hechos reales. Eso no siempre te gustará ni te convendrá (en una ocasión llegué a una ciudad en la que todos me observaban con excesiva curiosidad; decían que mi ojo de cristal parecía demasiado natural; ellos creían que yo era tuerto, porque mi personaje de *Volar sobre el pantano* lo era).

SEGUNDA PERSONA

Cuando el autor basa su narrativa en el pronombre **TÚ**.

Princesa, Estrella, soy el rey Felipe, tu padre, y quiero decirte, amor, que estoy muy triste porque nunca te he visto sonreír.

En segunda persona existe un solo formato:

Narrador remitente. El autor narra el cuento usando su propia voz (autobiográfica), pero le habla a alguien más. Como en una carta personal ***de tú a tú***.

VENTAJAS Y DESVENTAJAS DE LA SEGUNDA PERSONA:

El estilo en segunda persona es poco común, porque aunque es el más íntimo, también es el más restrictivo. Todo el relato se convierte en una especie de confesión. El autor toma el papel de personaje principal y platica lo que ve, hace o siente en un tono íntimo, dirigiéndose a otro de los personajes.

TERCERA PERSONA

Cuando el autor basa su narrativa en el pronombre ***ÉL o ELLA***.

El rey Felipe estaba triste, porque su hija, Estrella, sufrió un problema y desde entonces jamás había vuelto a sonreír.

EN TERCERA PERSONA EXISTEN TRES FORMATOS:

1. ***Narrador omnisciente***: El autor es como un dios; habla de los personajes como si supiera todo de ellos; conoce lo que sienten, lo que piensan; sabe lo que pasa a sus espaldas, o en otros lugares. Salta de escenas y actores a su antojo.
2. ***Narrador pragmático***: El autor es como una cámara de cine. También puede saltar de escenas o actores, según le convenga, pero ***no*** conoce el mundo interior de nadie; cuenta hechos; desde afuera.
3. ***Narrador focal***: El autor sabe lo que ve y piensa ***UNO*** de sus personajes (al que tiene enfocado), y narra la historia desde la perspectiva de ese personaje que siempre está en escena.

Ventajas y desventajas de la tercera persona:

Si eliges ESCRIBIR en cualquiera de los tres formatos en tercera persona, te sentirás muy libre. Sin embargo tu relato puede sonar distante o frío; después de todo, es solo la historia de *gente ajena* a ti y al lector. (Para atenuar ese inconveniente, yo siempre recurro al ***Narrador focal***).

Elige bien la persona gramatical.

La misma historia suena diferente, dependiendo de quién la cuente. Observa el siguiente ejemplo. Es muy interesante:

1ª (Yo) Cerré mi libreta y me levanté sin poder creer lo que veía. ¡La chica de reciente ingreso estaba ahí! Cerca. Sentada en una banca. Sola. Me apreté las manos; los dedos habían comenzado a temblarme. Caminé titubeando. Tenía que acercarme a ella. Me lo había prometido. Detuve mis pasos a medio metro de distancia. Qué hermosa era.

—Hola —le dije, y ella levantó la cara mirándome con curiosidad—, tus ojos, ¿son verdes o azules?

2ª (Tú) De pronto te vi. No pude creerlo. Estabas ahí, a unos metros de distancia, sentada en una banca sola. Caminé hacia ti. Tenía que observarte, hablarte; me lo había prometido. Tu imagen me extasiaba; conforme me acercaba comprobaba que de cerca eres más bella de lo que parecías a lo lejos.

Te saludé titubeante.

—Ho... hola —volteaste a verme con interrogación.

—¿Son verdes o azules? —te pregunté.

3ª (Él) José Carlos cerró su libreta y se levantó despacio. La chica de reciente ingreso estaba ahí. Cerca. Sentada en una banca. Sola. Él dio unos pasos al frente. Tenía que acercarse a ella. Se lo había prometido. Al fin caminó, sin pensarlo más. Se detuvo a medio metro de distancia. De cerca era más hermosa aún de lo que parecía a lo lejos.

—Ho... Hola —saludó titubeante; ella levantó la cara mirándolo con gesto interrogativo—. ¿Son verdes o azules?

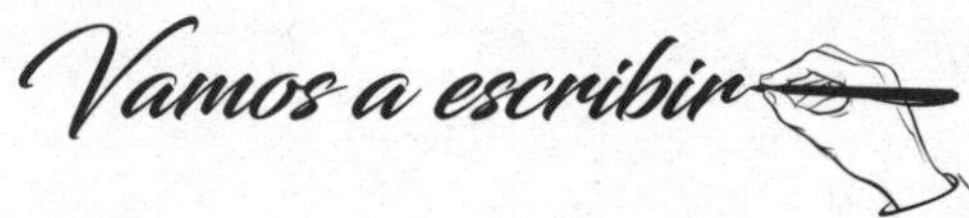

¿Qué hace un cantante? ¡Canta! ¿Qué hace un bailarín? ¡Baila! ¿Qué hace un pintor? ¡Pinta! ¿Qué hace un escritor?... Amigo, amiga, con todo respeto: deja de jugar al tonto. Si estás leyendo este manual sin tomar la pluma, no te servirá de nada. Las buenas intenciones no sirven por sí solas. Hay gente que vive de quimeras. Aspirantes a escritores que nunca redactan algo digno ni lo publican. Pero tú eres diferente. Toma una pluma y cierra la habitación. Pon manos a la obra.

Manuscrito 14. **TRES SUCESOS COTIDIANOS**

PG: LO PEOR Y LO MEJOR DE MI SEMANA; LO QUE ESPERO DE LA SIGUIENTE SEMANA. PARA EXPRESAR CÓMO ME MUEVO EN LO COTIDIANO.

Repasa lo que has vivido en los últimos días (con tus amigos, en el trabajo, en la escuela, en los negocios, con tu pareja, en la familia, en el transporte) y escribe ***tres*** *textos anecdóticos.*

1. Lo mejor de tu semana en ***primera persona****.*

2. Lo peor de tu semana en ***tercera persona****.*

3. Lo que esperas que suceda la próxima semana en ***segunda persona****.*

Reto #15

Tiempo verbal

DEFINE SI PASÓ O ESTÁ PASANDO

ANTES DE INICIAR UN RELATO, DEBERÁS TOMAR OTRA DECISIÓN FUNDAMENTAL: EL TIEMPO VERBAL QUE USARÁS. *PASADO O PRESENTE*. Y RECUERDA QUE LOS TIEMPOS NO SE PUEDEN COMBINAR.

Sabemos ***quién*** contará la historia. Ahora revisemos ***cuándo***.

1. TEXTO EN PASADO:

Es la forma normal de contar algo. Suena creíble, llano y hasta familiar porque al narrar —si se me permite la redundancia— un acontecimiento previamente acontecido, lo más obvio es que lo hagamos así: *Voy a platicarte algo que sucedió ayer*. En pasado. Por ser un proceso de construcción gramatical tan instintivo no requiere mayor esfuerzo.

> Llegué hasta el cuarto de mamá. Abrí la puerta con sigilo. En la penumbra distinguí el cuerpo de una persona desconocida sentada en la cama, mirándome con ojos muy abiertos. Me sobresalté. La sangre se me heló. Encendí la luz. Pregunté: ¿Mamá?... ¿Eres tú?
> Hizo una mueca que quiso ser alegre y acabó pareciendo macabra. Tenía las mejillas inflamadas, el cuello engrosado, los párpados abultados. Aunque seguía manteniendo el cuerpo extremadamente delgado, casi enjuto, su rostro era otro; esférico, como globo a punto de estallar.

2. Texto en presente:

Si elegimos relatar en presente nos comprometemos a construcciones más complejas y arriesgadas. De entrada, sonaremos pretenciosos. Al escribir en presente hacemos una simulación de que las cosas ***suceden en el mismo instante*** en el que el lector está leyendo. Esto, por supuesto, es imposible. Sin embargo, algunos escritores usamos el tiempo presente para imprimir intensidad y rapidez a nuestros relatos. La técnica causa un efecto psicológico como de urgencia.

> Siento una mano en la frente; dos hombres jóvenes cargan mi cuerpo para pasarme a la camilla con ruedas. Me empujan hasta un pasillo blanco, brillante, frío. Llegamos al elevador; bajamos a la zona de estudios radiológicos y me llevan hasta la sala de tomografías. Observo la forma en que me meten a una máquina ruidosa para diseccionar mi cerebro en cientos de fotografías transversales. El proceso es largo y ligeramente claustrofóbico. Luego conectan tubos de ensayo a una aguja que llevo insertada en el brazo para sacarme sangre. Cinco tubos.

3. Texto combinado:

Es un error usar verbos en presente y pasado. Los tiempos jamás se deben combinar.

> Hace frío. Mucho frío. Frío artificial, seco. Escuché el bip pertinaz de un monitor médico a mis espaldas. Abrí los ojos con dificultad. El muro blanco frente a mí se acerca despacio amenazando con aplastarme. Luego se hizo oblicuo para alejarse formando un túnel.

¿Identificas las fallas del texto anterior? Son evidentes. "Hace frío", es presente, "escuché el bip", pasado, "abrí los ojos", pasado, "el muro se acerca", presente, y "se hizo oblicuo", pasado. Un florilegio de errores.

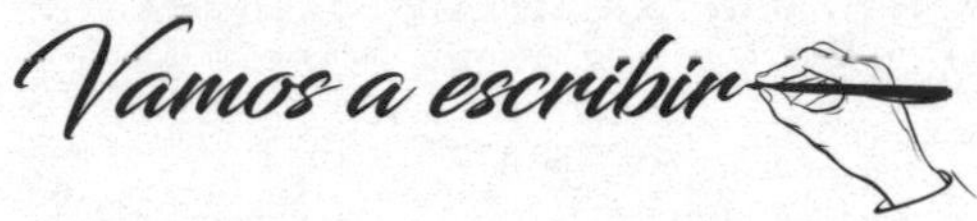

Lo nuevo intimida e impone. Es más cómodo corregir viejos textos que crear otros. El peor enemigo de un escritor se llama *hoja en blanco*.

No temas a la hoja en blanco. Sé valiente. Si al inicio redactas párrafos malos, no te detengas, no los corrijas, no los borres, ni siquiera los mires. Avanza. Quítale "lo blanco" a la hoja. Es el momento de entrar en la cancha, no de meter goles (todavía). Calienta, ponte a tono, poco a poco te sentirás más confiado y escribirás mejor.

¿Eres o no eres escritor? ¡No dejes en blanco las siguientes líneas! Son dos ejercicios. Redacta ambos textos en primera persona.

Manuscrito 15.

UN BUEN AMIGO Y UN MAL AMIGO

PG: DOS ANÉCDOTAS SIMBÓLICAS QUE VIVÍ CON DIFERENTES AMIGOS, Y QUE NUNCA OLVIDARÉ. PARA MOSTRAR LO QUE VALORO DE LA AMISTAD.

Relata ***EN PASADO*** *una anécdota especial con tu mejor amigo. Tal vez ese momento en el que necesitabas apoyo incondicional y lo recibiste. Tal vez un día de diversión, o ese instante de alianza o sinergia inolvidable.*

Después relata **EN PRESENTE**, una anécdota desagradable con alguien a quien considerabas tu amigo. Tal vez un momento de traición, agresión, deslealtad o pelea.

4 ENTONACIÓN

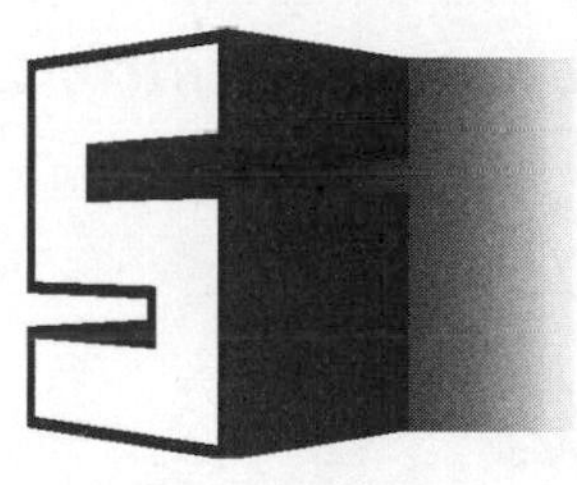

QUINTA PRUEBA A SUPERAR:

Produce material

PRUEBAS SUPERADAS HASTA EL MOMENTO:

✓Ya tenemos propósito gobernante y lector ideal.

✓Ya hicimos el *casting* de actores.

✓Ya hicimos una estructura fuerte.

✓Ya elegimos la entonación para narrar.

5 PRODUCCIÓN

Como te gusta leer, es casi seguro que también te gusta el cine; las películas son libros de ficción en pantalla. El responsable de lo que sucede en una película es el escritor. Cuando yo veo una buena escena le aplaudo secretamente al escritor y cuando veo una mala me retuerzo en el asiento.

LOS ESCRITORES PODRÍAMOS SER DIRECTORES CINEMATOGRÁFICOS.

Ahora bien, en la escritura tenemos 4 cámaras:

Cada cámara filma a un solo color. ROJO, VERDE, AZUL y BLANCO Y NEGRO.

Es una analogía. Compréndela y jamás lo olvides:

QUINTA PRUEBA PARA *ESCRITORES CCS 7-25:*

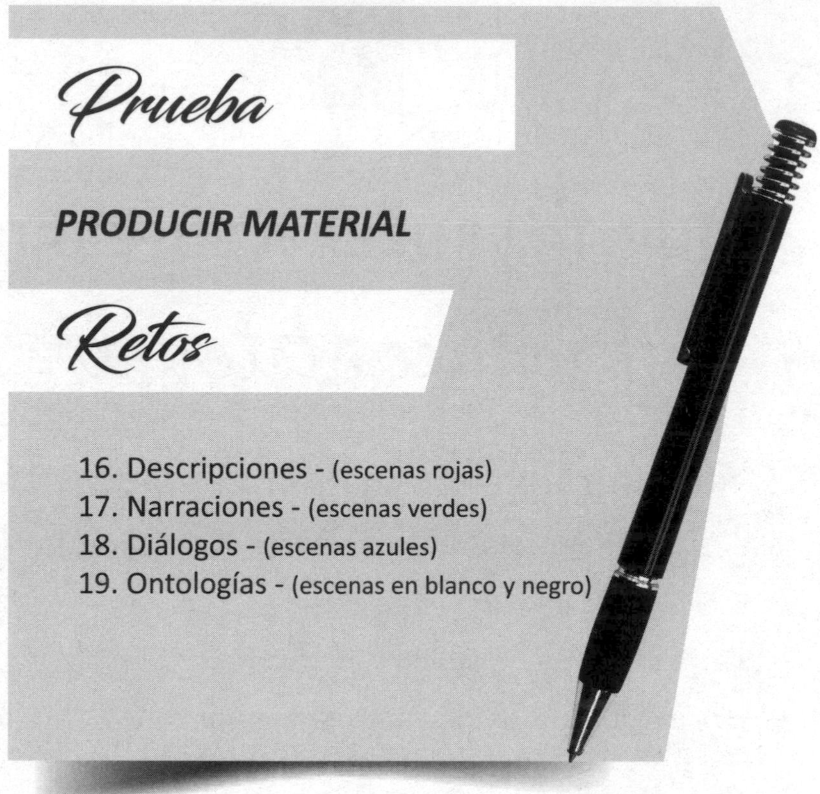

Solo serás buen escritor cuando domines tus cuatro cámaras y sepas combinar las tomas para crear crestomatías ***a todo color***. De hecho las primeras tres cámaras son suficientes para lograr escenas RGB. La cuarta (blanco y negro) solo añade brillos y contrastes. No se necesita en la ***ficción***, aunque es la más usada en los ***ensayos***.

Verás qué interesante.

Reto #16

Descripciones

TOMA MUCHAS FOTOGRAFÍAS

HAZ FOTOGRAFÍAS DETALLADAS CON PEQUEÑOS MOVIMIENTOS PARA QUE EL LECTOR VEA TODOS LOS ÁNGULOS DE LO QUE ESTÁS RETRATANDO. DESCRIBE LOS LUGARES, LAS APARIENCIAS EXTERIORES DE PERSONAJES Y EL UNIVERSO INTERIOR DE SUS MENTES.

LAS FOTOS SON MÁGICAS.

Se pueden contemplar y nos brindan información artística invaluable. Congelan un momento exacto y nos permiten admirar gestos, luces, paisajes, atuendos.

En el cine, las escenas de lugares y personas inmóviles o moviéndose muy poco, son ***fotografías***.

En un relato, cuando el escritor dibuja con palabras sitios y gente, está haciendo ***descripciones***.

LAS DESCRIPCIONES SON FOTOGRAFÍAS.

> Aunque el auto no estaba lejos, la lluvia era tan copiosa que cuando lograron entrar al coche se habían empapado. José Carlos prendió el motor y giró la manivela del calefactor, pero el aire salió frío. La luz exterior del estacionamiento iluminaba parcialmente el interior del auto. La pecosa se acurrucó en su compañero como gatito que ronronea. Él se quedó estático analizando el entorno. La noche, la lluvia, los vidrios empañados, el vestido escotado de Ariadne que dejaba entrever los holanes de la ropa interior, su cuerpo prominente, su ropa mojada.

> Tragó saliva. Los largos cabellos de su compañera habían perdido las ondulaciones que los caracterizan y desplomados escurrían gotas de agua sobre el vestido. Miró hacia abajo un instante. Pensó, qué visión más espectacular y privilegiada. Tragó saliva y contempló a la chica con la boca abierta. Porque claro. No era ciego ni eunuco. ¡Tenía deseos de abrazarla, acariciarla, besarla e incluso más! Pero supo que si seguía estrechándola (y tal vez se atrevía a explorar algún tipo de caricia), los instintos tomarían el control y perdería la cabeza. No podía permitirlo, sobre todo porque al sopesar la posibilidad de convertirse en pareja de Ariadne percibió en el estómago una contracción de rechazo, casi de alarma incestuosa. ¡Ella era como su hermana!
>
> Permaneció callado. Para Ariadne el silencio de José Carlos fue más frío que las gotas del chaparrón. Después de unos minutos se hizo para atrás y miró por la ventanilla de su lado abrazándose a sí misma con la piel erizada por el frío. Él encendió el auto pensando en lo que estuvo a punto de suceder, y evaluando la posibilidad de dejar que ocurriera otra vez... Embragó la velocidad del auto y aceleró muy despacio. El periférico estaba congestionado. La lluvia había causado encharcamientos....

Lo anterior es una descripción: la fotografía sensorial y hasta mental de un instante preciso. Es casi como si hubiésemos estado en el asiento trasero del auto viendo a los personajes.

Autores como Dante Alighieri, Victor Hugo, o Tolstoi dedicaban páginas enteras a delinear espacios geométricos con detalles rigurosos de texturas, matices y volúmenes.

Hoy se escribe diferente. Todo es más rápido y emocional.

¿Recuerdas nuestro segundo reto? Conexión. *Invita a tu lector a sentir.* Se refería a abrir puertas (hace frío, llueve, hay silencio, la duela rechina, pon tu música, saborea un café) para viajar en el espacio y tiempo. Usar fotografías en tercera dimensión y con efectos especiales; de modo que estimules la imaginación del lector y lo invites a mirar en tu telescopio.

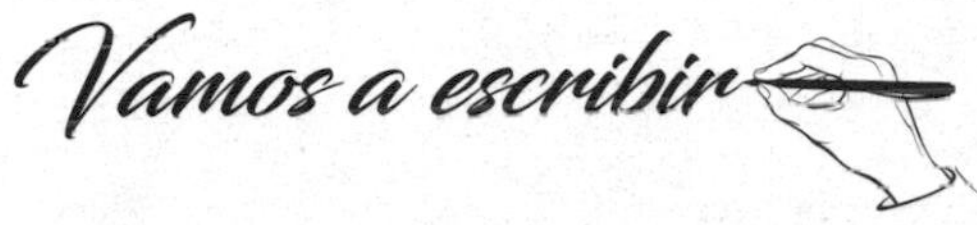

Las buenas descripciones pueden llegar a ser poéticas. Alguien como tú aprecia tanto la buena poesía como la buena fotografía.

Aprende a tomar fotografías con las palabras. Expláyate. Redacta colores, visiones, sensaciones de la piel, gustos del paladar, sonidos, olores.

Una vez que te sientes a escribir, hazlo sin interrupciones. No te límites.

5 PRODUCCIÓN

Manuscrito 16. **ÁLBUM DE FOTOS FAMILIARES**

PG: UNA DESCRIPCIÓN DE MI CASA.

Entra a la habitación de cada uno de los miembros de tu familia y tómales fotografías. Permite un poco de movimiento solo para darles realismo. Describe a tus padres y hermanos con detalle en sus aspectos físicos, emocionales, conductuales... Incluye a tus mascotas amadas, si las tienes. Haz un álbum completo de tu familia. Sé realista, justo y poético a la vez.

5 PRODUCCIÓN

5 PRODUCCIÓN

Reto # 17

Narraciones

CUÉNTALO CON PASIÓN

SÉ ENTUSIASTA PARA PLATICAR LA HISTORIA: HAZ QUE LOS SUCESOS OCURRAN RÁPIDO, GENERA ACCIONES DINÁMICAS SORPRESIVAS UNIDAS ENTRE SÍ CON *GANCHOS NARRATIVOS*. DEJA SIEMPRE AL LECTOR CON GANAS DE MÁS.

SI LA DESCRIPCIÓN ES UNA FOTOGRAFÍA, LA NARRACIÓN ES UN VIDEO.

> Alguien tocó mi brazo. Era Camelia. Con rostro pálido y voz desesperada. Me gritó que Sheccid estaba mal y yo debía ayudarla ¡pronto! Eché a correr hacia fuera. En efecto, en medio del callejón Adolfo jaloneaba a mi princesa tratando de obligarla a mirarlo; ella se debatía queriendo soltarse. Adolfo le detuvo la cabeza para besarla en la boca; ella se zafó y le dio una cachetada. Él se quedó estático un par de segundos, pero la agarró de nuevo y le devolvió el bofetón. Corrí hacia la pareja. Adolfo me vio llegar. Se rio de mí. "Así que aquí está el defensor de...". No lo dejé terminar. Le di un puñetazo en la nariz. Profirió una maldición y se agachó para limpiarse la sangre. Luego me miró con ojos desorbitados. Parecía dispuesto a matarme; se abalanzó sobre mí emitiendo un alarido...

En narraciones como la anterior hay personajes y ***pasan cosas***. Aun si vas a escribir un ensayo, un discurso o cualquier texto expositivo, debes de insertar ***ejemplos narrativos***. Solo así tus espectadores se mantendrán despiertos.

VOLVAMOS A LA ANALOGÍA DEL CINE.

¿Has escuchado que una película es "lenta"? ¿A qué se refiere ese calificativo? ¡A que pasan pocas cosas por minuto!

La narración es la sangre que da vida al libro de ficción. Y debe bombearse a buen ritmo.

> Rodamos por la terracería. Apretó mis mejillas e intentó introducirme los dedos en los ojos. Sacudí la cabeza. Lo abracé tratando de inmovilizarlo, pero siguió retorciéndose como una fiera. Entonces me dio un cabezazo. Quedé fuera de combate. Lo solté. Tomó en sus manos un puño de tierra y lo arrojó a mi cara. Me dejó ciego. Froté mis párpados y traté de abrir los ojos. No lo conseguí. Su puño se estrelló sobre mi boca como una plancha de hierro, reventándome el labio. Estaba dispuesto a aprovechar mi ceguera para golpearme hasta dejarme inconsciente. Hice un esfuerzo por abrir los ojos. Apenas distinguí colores y sombras. Me paré de un salto. Sin pensarlo dos veces lancé una feroz patada. Lo tomé desprevenido. Debí golpearlo en el estómago porque se quejó como si le faltara el aire. Volví a patear una y otra vez. Los curiosos alrededor gritaban incitándonos a que nos partiéramos el alma. Poco a poco recuperé la vista. Volví en mí. Me detuve. Salí del círculo de mirones y eché a caminar. Sheccid estaba a salvo; yo había ganado ese combate, pero Adolfo era un pandillero bravucón acostumbrado a riñas gigantescas. Me amenazó a gritos. Dijo que me iba a matar. Entonces lo supe: esa pelea no había terminado.

¿NO HABÍA TERMINADO? ¿POR QUÉ?

El secreto de las buenas novelas es que el autor concluye los capítulos dejando algo inconcluso. Se llama ***Gancho narrativo***. Hace que, cuando el lector acabe de leer el episodio ya quiera empezar el próximo, ¡porque anhela saber cómo se va a solucionar el problema pendiente!; y en efecto, sigue leyendo para encontrar que el problema se soluciona en una parte, pero se complica en otra, y se crea un nuevo ***Gancho narrativo***.

Llevar al lector de la mano capítulo por capítulo es el resultado técnico más profesional. Fácil de comprender pero difícil de hacer. Incluso peligroso si se hace mal. ¿Has visto esas películas con un final forzado de "continuará" que todos abuchean? ¿Has visto cómo algunos malos escritores crean problemas fofos, solo para provocar un suspenso artificial, pero el lector se da cuenta de que tratan de manipularlo?

Poner ***Ganchos narrativos*** es un trabajo fino de mucho cuidado. Si aprendes a hacerlo ganarás el mayor premio que puedes recibir: tu lector terminará el libro casi de una sentada. ¡Incluso gente que no tiene el hábito de la lectura leerá tus libros completos sin darse cuenta! El día que alguien te diga: "yo casi no leo, pero me devoré el libro de usted", sabrás que eres un buen escritor.

5 PRODUCCIÓN

UNA RECOMENDACIÓN MÁS.

Para escribir narraciones usa la ***Ley de causa y efecto***. Haz que un personaje diga o haga algo, y genere una consecuencia. De hecho, la ***ley de causa y efecto*** es una herramienta para narrar; úsala como motor creativo: haz que a toda acción corresponda una reacción.

Como todo en la vida, escribir es un proceso de **tres** etapas,

¿recuerdas?: PREPARAR, PRODUCIR Y PULIR.

1. **PREPARAR** es acopiar material, delinear personajes, redactar propósitos, argumentos, tramas y esquemas.

2. **PRODUCIR** es escribir párrafos. Muchos párrafos. Páginas y páginas de párrafos.

3. **PULIR** es corregir, editar, encontrar palabras idóneas, abrillantar frases.

¿Lo tienes claro? Bien, pues este es el momento de **PRODUCIR**. Así que produce. No te detengas a releer cada enunciado; no trates de hacer textos hermosos, no evalúes si estás escribiendo bien. No te preocupes de la calidad. Preocúpate por crear párrafos nuevos. Mira hacia delante. Genera material. Vierte todas tus ideas en el papel. Después borraremos lo que no sirva y corregiremos lo que sirva. Hoy, por lo pronto, escribe. Por favor, escribe.

Manuscrito 17. MI PASADO AMOROSO

PG: NARRACIÓN DE CÓMO FALLÓ UNA ANTIGUA RELACIÓN. PARA REVELAR CON HONESTIDAD MIS HERIDAS AMOROSAS Y EXPLICAR CÓMO SE ESTÁN CURANDO.

Algunos dicen que no es conveniente platicarle a tu pareja actual o futura los detalles de una relación pasada. Pero yo pienso que sí se puede, y se debe. Siempre que se haga con respeto y honestidad. Dejando claro que el pasado ya no tiene vigencia, y que el presente está investido de un poder curativo extraordinario. Escribe la revelación sincera de un episodio verídico que tal vez has ocultado. Usa la ***ley de causa y efecto*** *para describir una escena del* *ayer en la que tú **hiciste algo** para ocasionar **algo** con tu pareja de aquel entonces.*

*Narra cómo se lastimaron. Narra la sucesión de hechos y termina tu historia dejando un **Gancho narrativo.***

5 PRODUCCIÓN

Reto # 18

Diálogos

HAZLOS HABLAR

DESARROLLA SENSIBILIDAD, OÍDO Y REALISMO PARA ESCRIBIR DIÁLOGOS. TUS PERSONAJES DEBEN HABLAR DE MANERA ÚNICA.

ESCUCHA A JOSÉ CARLOS CONVERSANDO CON MARIO AMBROSIO:

—Ahora entiendo por qué te ves tan acabado...

—Sí, cabrón. Soy una mierda. Literal. Una mierda con patas.

—Busquemos un psicólogo, un médico, un consejero... puedes escapar. Mientras estés vivo, hay esperanza.

—¡Para nada, güey! A mí nadie me rescata del infierno.

—Deja de decir tonterías. Todos podemos crear un nuevo futuro. ¿Por qué no renuncias al trabajo de hacer pornografía y te rehabilitas de la droga? Hay instituciones...

—Antes me matan.

—Pues escápate...

PARA CONOCER A UN INDIVIDUO HAY QUE OÍRLO HABLAR.

¡Somos, en gran parte, lo que decimos y cómo lo decimos! Tus personajes se definen por lo que hablan.

ESCUCHA:

—¿Por qué no entraste a tu clase de deportes?

Un par de pajarillos brincan y conversan a nuestras espaldas.

—Me duele mucho una rodilla. Y necesito estudiar química.

Te doy el libro; vas a tomarlo, pero lo sujeto.

—Déjame ayudarte en tus problemas...

—Tú eres un problema —respondes apenas—. Mi único problema...

—No puedo admitir eso, Sheccid. Nacimos para ser pareja.

Me arrebatas el texto. Te pones de pie.

—Ya basta —los pajarillos detrás de nosotros levantan el vuelo. Hablas mirando hacia tu mochila mientras acomodas el libro dentro—. Estoy cansada de que me acoses; y no tengo corazón para desilusionarte; ¡pero me eres aborrecible! —te atragantas. Toses. Respiras despacio, te quedas quieta. Una indefinible tristeza baña tu rostro. Hay algo discordante entre tus palabras y tu gesto.

—Vuelve a decir eso, mirándome a los ojos...

—Déjame en paz.

Un ***Diálogo*** no es una descripción, pero intercala descripciones cortas; no es una narración, pero fluye como la parte más intensa del relato.

Los ***Diálogos*** son la prueba de la verdad en una obra de ficción. En ellos se usan todos los recursos literarios, el vocabulario idóneo, la construcción más natural.

Las películas maravillosas lo son por sus diálogos; por sus personajes que hablan de manera verosímil. Si en una película hay parlamentos forzados o ridículos, todo se echa a perder. (Ante malos diálogos en el cine, me remolineo en el asiento, comienzo a burlarme, a reírme; reviso mi teléfono, me duermo, o de plano me salgo de la sala. Perdón. ¡Pero no lo soporto!).

Hablemos ahora de las acotaciones.

En el idioma español, los diálogos se escriben con guiones largos; los guiones indican cuando es el turno de hablar de cada personaje, y los textos se interrumpen brevemente con ***Acotaciones***, también entre guiones (o con párrafos explicativos) que describen movimientos, gestos, tonos de voz y ambientación.

Las ***Acotaciones*** deben ser naturales e intuitivas. No hay nada peor que usar adverbios o frases ampulosas para acotar los diálogos. Mira este ejemplo de lo que ***no*** se debe hacer. Pongo las ***Acotaciones*** en cursiva.

> —Dame ese cuaderno —*dijo Julián amenazadoramente*—. O te arrepentirás.
>
> —No te lo daré —*espetó Lara despectivamente*—. Es mío.
>
> —Ya dámelo —*graznó Julián*—. ¡Quiero leerlo!
>
> —Te dije que no —*bufó Lara*—. Te estás entrometiendo en mis cosas.
>
> —Tengo derecho a saber qué escribiste —*recitó Julián provocadoramente.*
>
> —Pues te quedarás con las ganas.

El diálogo anterior es pésimo por sus acotaciones:

- No se debe aclarar siempre quien habla, porque para eso son los guiones.
- No se deben usar verbos rebuscados como sinónimos de "dijo" (espetó, graznó, bufó, recitó).
- No se debe abusar de adverbios (amenazadoramente, despectivamente, provocadoramente) porque son la

señal desesperada de un autor que ignora cómo darle vida a sus diálogos.

Otra vez: cuestión de oído.

MIRA LAS ACOTACIONES EN EL SIGUIENTE TEXTO.

—¿Por qué me abandonaste? —comienzo despacio—, yo crecí muy sola, papá —voy adquiriendo fluidez, pero es una fluidez angustiosa—. Mamá se la pasaba cuidando a mi hermano gemelo enfermo. A mí me encerraban con la nana —casi no puedo aguantar la presión—. A veces tú me cargabas y yo te abrazaba el cuello... Y de pronto también me abandonaste...

—No te abandoné, hija —carraspea—. Solo que también estaba viviendo mi propia crisis...

—Sí. Lo recuerdo —es una imagen que me marcó—, cuando mi hermano murió le dijiste a mamá: "no llores más; tenemos otra hija maravillosa que nos necesita mucho". ¡Esas fueron tus palabras exactas! Pero mamá no te escuchó —me detengo unos segundos sin poder evitar el rictus de dolor—. ¡Tú lo eras todo para mí, papá! ¿Dónde se fue mi héroe? —al fin me estoy expresando, y aunque duele, no puedo detenerme—. Cuando sedujiste a esa menor de edad saliste en el periódico; lloré todas las noches durante un mes —me limpio la cara de un arañazo—. ¡Tú no le fuiste infiel a mamá solamente! ¡Me fuiste infiel a mí también! ¡Y a Joaquín! ¡Eras nuestro guía! —hago una pausa—. ¿Lo puedes entender? Eras nuestro ejemplo a seguir... Acabaste conmigo. A los quince años me mandaste de viaje. Pero me mandaste con un chofer al aeropuerto. ¡Yo siempre he sido tu niña! ¡Necesitaba que me acariciaras, que me dijeras bonita, que me abrazaras, que me cargaras y me protegieras —no puedo seguir; apenas logro agregar—: ¿Por qué me abandonaste?

Vamos a escribir

Si quieres llegar a ser un escritor reconocido, especialízate en hacer buenos diálogos. Al escribir diálogos, esmérate; hazlo con especial cuidado. Si tienes duda de que uno de tus personajes podría o no decir algo como lo que acabas de escribir, detente, lee el parlamento en voz alta. Cierra los ojos, repítelo. Quita cualquier palabra que suene artificial. Vuelve a escribir la frase, hasta que tengas la seguridad de que suena natural.

Escribir diálogos es tu prueba de fuego. Aguza el oído cuando escuches a la gente platicar. Observa las pausas y gestos. Eso te ayudará con las **Acotaciones**. Empieza ahora. Realiza el siguiente ejercicio.

Manuscrito 18. **CARA A CARA CON MI PADRE**

PG: UN DIÁLOGO REVELADOR SOBRE RECLAMOS, AFECTOS Y SECRETOS FILIALES.

Escribe un diálogo imaginario (o real) entre tú y tu padre. Algo que haya sucedido o te gustaría que sucediera.

*Crea una escena en la que le digas a tu papá todo lo que has guardado en tu corazón. Lo que siempre has querido reprocharle o agradecerle. En ese diálogo, dale la oportunidad a él de hablar también. Crea una discusión verosímil. Utiliza **Acotaciones**.*

5 PRODUCCIÓN

Reto #19

Ontologías

SI QUIEREN FILOSOFAR, DÉJALOS

APRENDE A ESCRIBIR MENSAJES IDEOLÓGICOS. TUS TEXTOS EXPOSITIVOS ESTARÁN BASADOS EN ELLOS DE MANERA OBVIA, TUS TEXTOS DE FICCIÓN PODRÁN TENER ALGUNOS DE FORMA DISCRETA.

VEAMOS.

La ***Ontología*** es la rama de la filosofía que hace reflexiones existenciales, estudia la naturaleza del ser y dilucida sobre fórmulas de vida. Usaremos el término ***Ontología*** de manera general, para referirnos a cualquier texto en el que el autor discurra sobre lecciones aprendidas; incluso (abusando de la generalización) incluiremos en esta categoría todos los párrafos técnicos, científicos, explicativos, didácticos o aleccionadores...

Cualquier ensayo (el género expositivo, en sí) se conforma en su mayor parte de ***Ontologías***. Este libro (¡este párrafo mismo!), es una.

LAS *ONTOLOGÍAS* TIENDEN A SER ABURRIDAS.

Son la filmación en blanco y negro de la producción. Por eso, cuando escribas un texto expositivo, coloréalo con pequeñas historias.

MIRA ESTE EJEMPLO DE *TE DESAFÍO A PROSPERAR*.

> El dinero es como el aire. No vivimos para tenerlo, pero necesitamos tenerlo para vivir. Además de comodidades, nos brinda seguridad.

> Un hombre llegó a su casa cansado de trabajar. Abrió los brazos para saludar a su pequeña de dos años, pero la niña no se movió. "¡A ver!" dijo el hombre, "¿no vas a abrazar a papá?". La niña negó con la cabeza. "¡Cómo!" insistió el hombre: "yo me la paso todo el día trabajando para traer dinero a la casa ¿y mi hijita no me quiere saludar? A ver. Ven acá. ¿Dónde está ese abrazo?" Y la niña contestó: "¿A ver, dónde está el dinero?".
>
> ¡Hasta los niños lo saben! Necesitamos dinero para vivir.

Lo anterior es parte de un ensayo. Los ensayos son técnicos, densos, en blanco y negro, pero se les da color al insertarles ilustraciones narrativas.

AHORA HABLEMOS DE LAS OBRAS DE FICCIÓN.

¿Podemos usar ***Ontologías*** en ellas?

Sí. Entre narraciones, descripciones y diálogos (texto a colores), las ontologías bien deslizadas brindan sombras y contrastes.

> Sé que Ariadne se enfadó porque preferí no abrazarla. Yo mismo, al recordar sus cabellos mojados, escurriendo sobre ese vestido transparente, me enfado y me arrepiento. Pero después entiendo que sigo sintiéndome fuerte gracias a lo que dejé de hacer. Y ser fuertes es una de nuestras principales luchas como seres humanos. Porque vivir debilita (trabajar, pensar, caminar, respirar; todo debilita). Necesitamos comer y dormir para mantener el cuerpo fuerte, y también necesitamos tomar buenas decisiones para mantener el alma fuerte. Hay relaciones que fortalecen y hay relaciones que debilitan. Propiciar un contacto erótico con una persona equivocada es mortal para la relación y debilita a las personas. Haberme abstenido de acariciar a Ariadne me fortalece a mí y la fortalece a ella; además sigo

sintiéndome fuerte para defender lo que creo. ¿Y qué es lo que creo? Muy sencillo: que Ariadne y yo fuimos hechos para ser amigos... Mientras que Sheccid Deghemteri y yo, fuimos hechos para ser pareja...

El texto anterior es una ***Ontología*** dentro de una narración.

A muchos, esto les irrita. A mí me gusta.

Las reglas ortodoxas dictan que en las obras literarias no debe haber ontologías. En parte es verdad. Se supone que uno no acude al cine o lee una novela para ser aleccionado. Si queremos aprender conceptos, vamos a la escuela o leemos un libro expositivo. Las obras de ficción son para entretener.

Reconozco que he infringido flagrantemente la regla tradicional. En muchas de mis novelas he entretejido mensajes ontológicos. En algunas como *Volar sobre el pantano* o *Sangre de Campeón* fui casi descarado; en otras como la serie *Los ojos de mi princesa*, lo hice de manera más sutil. Lo admito. Soy un pecador confeso... pero no me arrepiento de mi pecado, y tampoco prometo no volver a cometerlo. Y si tú lo haces, no te condenes. Hablemos claro: un lector analítico se sorprenderá al detectar la gran cantidad de mensajes que hay en las obras de ficción. Aunque se den de forma velada, entre líneas, ¡están ahí! Cuando leas novelas o veas películas te invito a buscar las ontologías ocultas. Casi todos los autores dejan una estela de sus convicciones y valores personales. Así que no te sientas intimidado cuando alguien te acuse de querer dar un mensaje. Ninguno de los críticos debería atreverse a arrojar esa piedra. Porque ellos tampoco están libres de culpa. Si quieres filosofar o expresar tus conocimientos, hazlo, pero hazlo bien:

Para incluir ontologías en una obra de ficción, crea circunstancias que pongan a tus personajes en un predicamento, luego hazlos reflexionar o discutir con otros personajes sobre el tema.

Observa:

Llego hasta la cascada y me paro justo frente a ella, escucho su ruido atronador, miro la pared monumental y siento el vapor de agua como lluvia tenue sobre mi cabeza.

Mi padre siempre ha dicho que Dios es solo un mito. Que el mundo se creó en un *Big Bang* de partículas químicas. Que los seres humanos forjamos nuestro destino y todo lo demás es caos. Pero hay algo raro en lo que me sucede. Yo no he forjado este destino. Mi entorno se hizo solo. Sin mi autorización. Y lo que me sucede es demasiado exacto para ser producto del caos. Pareciera que Alguien, a quien no entiendo, estuviese haciendo cortes quirúrgicos en mi espacio-tiempo para ponerme aquí...

Estoy empapada. El rocío de la fuente me ha inmovilizado haciéndome sentir abrazada por una borrasca magnética. Pienso que me encuentro en los dinteles de otra dimensión. Una dimensión donde Dios escucha... Entonces grito:

—Padre celestial... tú sabes que yo nací en un hogar ateo. Nunca aprendí a hablar contigo ni a fortalecer mi fe. Nadie me enseñó, pero en lo más hondo de mi ser creo en ti... quiero creer... Quiero ser tu hija... ser hija de un papá que de verdad me ame... Y hoy me dirijo a ti, mi Dios, con mucho fervor y expectación... para pedirte algo... para pedirte un milagro: haz que todo tenga sentido, ya. No puedo entender por qué tengo unas marcas de suicidio en mis brazos. Tampoco entiendo por qué estoy en este país, sin familia y lejos de todos mis amigos. Pero tú lo sabes todo. Tú puedes darle sentido al absurdo... haz un milagro. Quita la penumbra de mi camino y déjame ver la luz.

Guardo silencio y permanezco otro rato en el fragor del torrente. Luego me separo y camino hasta una banca de piedra cercana. Abro la carpeta de José Carlos y la hojeo. Creo haber visto el título de uno de sus escritos referente a la fe. Necesito leer sobre ese tema. Saber qué piensa él. El documento se me esconde. Al fin lo encuentro. Leo.

Si hay un adjetivo que define al escritor es este: *disciplinado.*

Disciplina es un binomio: Trabajo + Paciencia.

Trabajo es igual a estar ahí; en el puesto. Al pie del cañón. Sudando. Bregando. Esforzándose. TODOS LOS DÍAS. El que no trabaja a diario pierde el primer elemento de la disciplina.

Paciencia es igual a no desesperarse; no querer resultados inmediatos. No pensar (ni por un instante) en darle a leer a otros un escrito a medio terminar. Paciencia es esperar y disfrutar la espera.

Eleva tus niveles de disciplina. Hoy, escribe y sé paciente.

Manuscrito 19. **MI DIOS**

PG: UNA ONTOLOGÍA SOBRE MIS CREENCIAS ESPIRITUALES.

La fe espiritual de una persona le da formas de interpretar los acontecimientos y afrontar la vida misma.

Si esta libreta la va a leer tu pareja, seguramente el tema de hoy le va a parecer muy interesante. En muchos aspectos te define.

Escribe: ¿Qué crees respecto a Dios, el Creador o la Fuente de tu existencia? ¿Qué piensas de la vida antes y después de la vida? ¿Cuáles son tus dudas y convicciones espirituales?

Haz una ontología colorida. Inserta algunas ilustraciones narrativas, o habla con tu Creador en segunda persona; también puedes escribir párrafos desde su voz. Expláyate.

5 PRODUCCIÓN

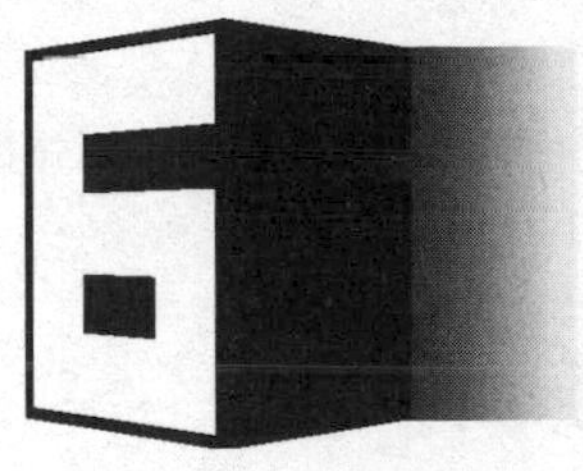

SEXTA PRUEBA A SUPERAR:

Mejora el estilo

PRUEBAS SUPERADAS HASTA EL MOMENTO:

✓ Ya tenemos lector, PG, y tipo de texto.

✓ Ya creamos a nuestros personajes.

✓ Ya hicimos una estructura fuerte.

✓ Ya decidimos la entonación narrativa.

✓ Ya redactamos mucho material a colores.

Ahora vamos a pulir nuestro estilo.

La Real Academia Española de la Lengua define ***estilo*** como la manera peculiar de escribir que distingue a un autor y el carácter propio que da a sus obras un artista.

Nuestro estilo personal nos diferencia de los demás. Y puede pulirse. Perfeccionarse. ¿Cómo? Comprendiendo sus partes.

Durante años estudié este tema. Hay mil teorías sobre el

estilo. Deduje que se conforma de tres elementos: ***forma***, ***fondo*** y ***ritmo***.

SEXTA PRUEBA PARA *ESCRITORES CCS 7-25:*

¿CUÁLES SON LAS FORMAS DE TU PAREJA? Sus ojos, su rostro, su cuerpo, su olor, su voz, su atuendo.

¿CUÁLES ES EL FONDO DE TU PAREJA? Sus ideas, su carácter, sus valores, su actitud, su esencia interior.

¿CUÁL ES EL RITMO DE TU PAREJA? Sus movimientos, sus labores, su velocidad, su capacidad de acción y reacción.

CON ESOS ELEMENTOS ELEVEMOS LA CALIDAD DE NUESTRO ESTILO.

Reto #20

Forma

BÁÑATE TODOS LOS DÍAS

HAZ QUE LA APARIENCIA DE TUS TEXTOS SEA PERFECTA. PARA ELLO SIGUE LAS REGLAS DE LAS BUENAS FORMAS: PULCRITUD, RIQUEZA Y NATURALIDAD.

Imagina que tu hermosísima pareja no se baña, no se lava los dientes, no se limpia las uñas, viste con harapos apestosos. Imagina que eructa, echa flatulencias, y solo habla vulgaridades. ¿Te seguirá pareciendo hermosa?

Las buenas ***Formas*** tienen tres características: pulcritud, riqueza y naturalidad.

PULCRITUD

Amigo. Sé limpio al escribir; haz que tus textos huelan bien: cuida la ortografía. No inventes palabras ni uses groserías a menos que sean dichas por la voz de personajes auténticos. Sé celoso de la gramática.

Si tienes madera de escritor, sé pulcro hasta niveles excesivos. Por ningún motivo cambies letras a los vocablos para parecer moderno o juvenil. Ante la duda de una palabra, consulta el *diccionario de la Real Academia*. No cualquier diccionario. El que dicta las reglas se llama RAE. Baja la aplicación a tu teléfono. Mantén el enlace en tu computadora. Obedece a la autoridad de nuestro idioma. Si una palabra no está en el diccionario de la RAE, no la uses (o ponla entre comillas o cursivas).

Los procesadores de textos tienen correctores ortográficos. Actívalos. Dale un doble repaso a la revisión antes de enviar un documento, hazte experto en acentuación y en palabras homófonas que la computadora no corrige.

RIQUEZA

Imagina que tu pareja es hermosa y pulcra, pero se pone la misma ropa y los mismos zapatos todos los días del año.

El idioma español tiene cerca de cien mil palabras. Se calcula que las personas usamos alrededor del uno por ciento de ellas. ¡Solo mil! Si quieres tener buen estilo enriquece tu vocabulario. Lee más. Aprende el significado de nuevas palabras. Al escribir ***usa el diccionario de SINÓNIMOS***. Elige sinónimos conocidos y matices correctos para mejorar tu estilo. Pero ten mucho cuidado. No esgrimas el diccionario de sinónimos para adornar frases con palabras desconocidas. Eso sería como querer parecer aristócrata y terminar poniéndose un disfraz de payaso. Úsalo para recordar *palabras diferentes que ya conoces*, palabras ricas y claras al mismo tiempo. Úsalo para matizar; graduar expresiones, sonidos y conceptos.

VE ESTE EJEMPLO DE LENGUAJE POBRE:

Yo estaba parado en la banqueta viendo que todo estaba muy sucio; la calle estaba llena de basura y tierra, empezó a llover y empezaron los truenos y rayos; primero los rayos eran pocos, pero luego fueron aumentando y se hizo un ambiente horrible. Me dio miedo. Pensé que era un signo de mala suerte. Entonces oí que alguien venía caminando. Eras tú, Sheccid, parecías más grande de edad. Con maquillaje y ropa como de señora. Me di cuenta de que estabas triste. Miré el reloj.

AHORA VE EL MISMO PÁRRAFO CON SINÓNIMOS Y MATICES:

Observé la calle. ¡Había excesiva contaminación!; la avenida tenía baches, charcos, lodo; tráfico espeso. Por si fuera poco, en el horizonte se dibujaban los trazos luminiscentes de una tormenta eléctrica. Fuertes relámpagos chocaban en el firmamento. Al principio los fulgores resultaron bellos, dignos de fotografiar como se hace con las auroras boreales, pero poco a poco aumentaron de intensidad acompañados de truenos atroces. Jamás había visto ese portento de lobreguez. "Un mal presagio", pensé. Escuché pisadas detrás. Giré. Eras tú. Sheccid. Vestida con saco y falda; maquillada en exceso; te veías más adulta, más, formal, pero también más triste e insegura, como ocurre con las personas que han sido golpeadas cruelmente por la vida. Miré el reloj.

¿Ves la diferencia entre un párrafo y otro?

El segundo es más rico, sin dejar de ser natural.

Ahora ten cuidado. La línea entre lo rico y lo artificioso puede ser muy fina. No la traspases. ***Riqueza no es ampulosidad***. Hay quienes en su afán de escribir con exuberancia echan todo a perder. Algunas recomendaciones básicas:

✓RESTRINGE LOS ADVERBIOS TERMINADOS EN *MENTE*.

Fácilmente, rápidamente, repentinamente, casualmente, lánguidamente, etc. Son estigma de estilo pobre. A veces se necesitan, pero no te hagas amigo de ellos; si te descuidas, se reproducirán en tus textos como plaga de mala hierba.

✓**RESTRINGE LA VOZ PASIVA.**

Es otra construcción típica del estilo ampuloso ramplón.

☹ El cuerpo de la chica fue observado por todos.

☹ El primer beso siempre será recordado por mí.

☹ El libro fue escrito con mucho cuidado.

¡Déjate de melindres y escribe bien!, con voz activa:

☺Todos observaron el cuerpo de la chica.

☺ Siempre recordaré el primer beso.

☺ Escribí el libro con cuidado.

✓**JAMÁS UTILICES *NEXOS REDUNDANTES*.**

Son una de las señales más claras de quienes no saben escribir:

→Les dije a los niños que llegaran temprano, los cuales obedecieron. (Quita "**los cuales**").

→Quería alcanzar a sus amigos, pero estos iban muy rápido. (Quita "**estos**").

→Tengo un socio llamado Juan, quien me cae bien. (Quita "**quien**").

→Descargué un libro, el cuál estaba mal escrito. (Quita "**el cuál**").

ELIMINA PALABRAS REPETIDAS:

Prohibido usar vocablos iguales en frases cercanas. (A menos que se haga de forma intencional como en el ejemplo estilístico de Bécquer o de Millás en el reto #22); en una redacción normal elimina las palabras repetidas:

> ☹ La joven caminó hacia la mesa cargando la charola de comida con dificultad hasta que llegó a la mesa y puso la charola de comida sobre la mesa.

¡Ridículo! Tres veces "mesa," cinco veces "la", dos veces "charola" y dos veces "comida". ¿Cómo escribirías el texto anterior sin repetir una sola palabra?

☺La joven se aproximó cargando una charola con los platillos; llegó a nuestra mesa y acomodó su bandeja para servirnos la comida.

SÉ CLARO.

LO QUE MANDA sobre todas las cosas es la claridad. Antes de sustituir una palabra conocida por otra rebuscada, asegúrate de no restarle claridad al mensaje. Por ejemplo. ¿Qué frase es mejor de estas dos?:

- En el aposento aciago se cernían oscilaciones infaustas derivadas de entidades usurpadoras.
- En la habitación oscura parecía haber personas escondidas.

Ambas dicen lo mismo, solo que la primera no es clara. Ni siquiera se entiende. Detrás de ella hay un escritor acomplejado que quiere hacerse notar.

Desarrollar buen estilo es un juego muy fino. Deberás trabajar mucho para lograr ese punto exacto que brinde a tus escritos riqueza y naturalidad.

NATURALIDAD

¿Cómo se ven las personas que se han hecho varias cirugías plásticas en el rostro? ¿Te parece atractivo alguien que finge ser lo que no es?

Perdona que lo diga con crudeza: No puedes tratar de enriquecer tu cultura o tu lenguaje a la fuerza. O eres culto o no lo eres. O tienes un vocabulario rico o no lo tienes. Cualquier simulación será descubierta. Así que lee más; mucho más. Estudia a los grandes maestros. Mis preferidos: Juan Manuel de Prada, Torcuato Luca de Tena, Abel Posse, o los clásicos: Bécquer, Cervantes, Quevedo. Sobre todo lee poesía: Sor Juana, Darío, Machado, Bernárdez. Aprende a deleitarte con escritos elegantes. Crece en estilo. Hazte acompañar siempre de buenos libros; son gozo para el espíritu y escuela para el entendimiento. Y toda buena letra proviene del mismo manantial. Al final es poesía.

Lee este ejemplo:

Escribio Juan de Dios Peza en su poema *Post-umbra*: "Si llegara mi llanto hasta la hoja donde temblando está la mano mía, para poder decirte mis congojas, con lágrimas la carta escribiría. Mas si el llanto es tan claro que no pinta, la negra escogeré porque es la tinta, donde más se refleja mi amargura. Aunque yo soy para soñar esquiva, sé que para soñar nací despierta. Me he sentido morir y aún estoy viva; tengo ansias de vivir y ya estoy muerta".

Mirando el amanecer recuerdo cómo me conquistaste. Al principio te creía un muchacho bobo, y me reía de ti. Nunca imaginé que llegaría a quererte tanto. Cautivaste mi corazón con cada detalle, con cada sonrisa. Por eso me cuesta tanto trabajo despedirme de ti.

Si me vieras en este momento deshecha en llanto, me dirías que no vale la pena sufrir, y si lees esta carta, moverás la cabeza al ver las manchas amorfas de mis lágrimas, pero no me consideres débil, lloro por la alegría de haberte conocido. Gracias, José Carlos. Jamás te olvidaré, donde quiera llevarme el destino. Gracias por todas tus actitudes, gracias por tu amor. Gracias porque no sé de qué forma lograste meterte tan dentro de mi corazón.

Tu novia eternamente, Sheccid.

Vamos a escribir

Tu lugar de trabajo es sagrado. Dedica unos minutos a ponerlo en orden. Limpia ese sitio lleno de papeles y envolturas de comida chatarra; organiza tus libreros y cajones. Aunque tu mesa sea pequeña, es la mesa de un escritor. En ella puedes crear textos que pasen a la posteridad. Tal vez en un futuro la gente se asombre al conocer ese rincón mágico en el que fue escrito el libro que tanto disfrutaron. Piensa en grande. Organízate como los grandes. Y escribe.

Manuscrito 20. **TESTAMENTO**

PG: RELATO DE FICCIÓN EN EL QUE DESCRIBO MI DESPEDIDA DEL MUNDO Y DE LA PERSONA QUE AMO.

Tú serás el protagonista de este relato. Es imaginario. Pero hazlo parecer real. Estás viviendo una historia de amor extraordinaria. Describe una o varias aventuras con tu pareja, escenas de amor maravillosas, sensuales, únicas. Ahora imagínate que te diagnostican una enfermedad terminal. Recibes la noticia repentinamente; te queda poco tiempo de vida. ¿Qué harías? ¿Qué dirías? ¿Cómo enfrentarías el asunto ante tu familia y ante tu pareja? Haz un relato poético; usa un estilo pulcro y rico; pule tus frases con sinónimos y matices; relata en prosa, pero inserta algunos versos que conozcas; dedícale esta despedida a tu amado o amada.

6 ESTILO

6 ESTILO

Reto # 21

Fondo

DEJA AL LECTOR MEJOR QUE COMO ESTABA

HAZ ESCRITOS SOBRESALIENTES POR SU FONDO; PARA LOGRARLO CONCÉNTRATE EN ESTO: PROCURA BRINDARLE SIEMPRE A TU LECTOR UNA EXPERIENCIA ENTRETENIDA, EMOCIONANTE Y *AL FINAL* INSPIRADORA.

Desde adolescente anhelaba convertirme en escritor. Pero nadie me entendía, ni me apoyaba. Solo mi madre. En gran medida soy lo que soy gracias a ella. Recuerdo una noche de soledad y abatimiento. Ella entró a la habitación y se sentó a mi lado. Me acarició la cabeza con la mano y preguntó por qué estaba triste. Hable y ella escuchó. Luego lloré y mis lágrimas fueron como el líquido que lava las impurezas de un cristal empañado. Ella me abrazó. Y permaneció a mi lado un rato. Antes de retirarse me tocó el hombro con cariño otra vez; vi las cosas con más claridad. Y descubrí algo. Algo grande... Descubrí que las personas nos tocamos. Todo el tiempo. Con las manos y las palabras. Hay toques que humillan y toques que exaltan. ¡Las personas nos tocamos! Yo toco a la gente, y debo asegurarme de que mi toque sume y no reste, beneficie y no perjudique, inspire y no denigre.

Amigo, tú también tocas a la gente. Con tus manos, con tu ejemplo, y ahora con tus palabras escritas. Vuélvete cuidadoso. Vigila la calidad de tus dádivas. Asegúrate de que tu toque al escribir deje al lector mejor que como estaba.

He visto películas y leído relatos que hacen todo lo contrario.

Lo siento, tengo que decirlo.

Hay autores que se regodean en la sangre, la obscenidad y la porquería, sin que haya progreso en sus personajes, sin que exista el menor intento de mostrar virtud en el relato; ¡engrandecen la inmundicia con el único fin de asquear al lector, o despertarle pasiones inicuas!

Pululan escritores que relatan asesinatos, violaciones, sexualidad enfermiza; que escogen lo peor de la sociedad; que exaltan la derrota y la inmundicia solo por diversión.

Desde mi punto de vista, esos sujetos (que no respetan a sus lectores, y no quieren dejarlos mejor que como estaban), jamás debieron dedicarse a escribir.

Hace poco, un joven me pidió que le diera mi opinión respecto a un cuento que hizo. Era la historia de un inquisidor que disfrutaba destripando a sus torturados, rompiéndoles los huesos y sacándoles los ojos. Las descripciones eran buenas, explícitas, impresionantes. Pero el cuento no servía, por dos razones; primero, estaba escrito en primera persona y como el personaje principal era un odioso maldito, el lector terminaba detestando al mismo autor. Y segundo, porque no proponía ninguna solución bondadosa; el mal ganaba a ultranza dejando una estela de desesperanza.

Amigo, el fondo de tus escritos importa:

Sin que des mensajes explícitos de superación (¡en lo absoluto!) aprende a provocar en tu lector emociones que lo dejen ***mejor que como estaba antes de leerte***.

La buena ficción narrativa entretiene, conmueve, divierte, toca el corazón y provoca un agradable sabor de boca al terminar.

POR FAVOR, NO ME MALINTERPRETES.

Puedes escribir lo que se te antoje: relatos misteriosos, eróticos, crudos o hasta de terror; siempre que tengan buen fondo. He visto películas sobre el Mal que me han inspirado a acercarme a la Bondad (con mayúscula). He leído *thrillers* de asesinos seriales que me han inspirado a cuidarme más y a valorar lo que tengo.

Decía Oscar Wilde: "En la literatura no existen libros morales o inmorales, sino simplemente libros bien y mal escritos".

¡Escribe bien! Para ello, quítale un poco de egocentrismo a la ecuación.

Voy a repetir algo que dije al principio de este libro (pero no me cansaré de reiterar): *Cuando escribes, no eres tú el que importa; es tu lector*. Deja de lucirte; deja de exponer tus frustraciones; ¡piensa en brindar algo bueno!

Otra frase de Oscar Wilde: "El artista es el que crea cosas bellas; dar a conocer el arte y ocultar al artista, es la meta del arte".

¿CUÁL ES LA CLAVE DE UN TEXTO INSPIRADOR?

Que los personajes tengan luchas reales y se muevan al cambio. Si el protagonista mejora, aprende algo o reflexiona sobre sus errores, el lector se inspirará por refracción.

Cuando terminas cualquier curso o diplomado serio, para graduarte tienes que hacer un trabajo final. Tal vez una tesis. Tal vez una presentación ejecutiva. Bien. Ha llegado nuestro momento de graduación.

Hasta aquí has escrito "relatos": sucesos de formato libre. Ahora haremos un "cuento". Las reglas son más estrictas. El cuento es una pieza literaria redonda, es decir clara, sin rodeos, completa; la brevedad y contundencia son sus principales características. Dice Julio Cortázar: "Un buen cuento es incisivo, mordiente, sin cuartel desde las primeras frases". Y Horacio Quiroga: "En un cuento bien logrado, las tres primeras líneas tienen casi la importancia de las tres últimas. No empieces a escribir sin saber a dónde vas". El autor debe tomar las riendas. Poner a sus personajes dentro de una estructura rigurosa. Con frases cortas y palabras exactas, plantear una problemática, llevarla directo al nudo y terminar con un desenlace. Lee y estudia algún cuento de los grandes maestros como Edgar Allan Poe, Horacio Quiroga, Anton Chéjov, Franz Kafka o Charles Perrault. Ahora haz el tuyo. Estás preparado. No te arredres.

Manuscrito 21. **CUENTO**

PG: UNA HISTORIA COMPLETA, PRUEBA FINAL DE MIS HABILIDADES PARA ESCRIBIR FICCIÓN NARRATIVA.

Escribe un cuento.

- ***EXTENSIÓN:*** *ocho cuartillas o tres mil palabras.*
- ***TEMA Y OBJETIVO:*** *Héroe de la vida real. Elige a una persona cercana que haya vivido situaciones críticas y te haya inspirado con su actuar o su no actuar. Repasa la historia de ese familiar, amigo, compañero (o incluso la tuya) y visualiza una versión notable.*

- ***NARRADOR:*** *Usa primera persona, narrador testigo, tiempo presente.*
- ***PERSONAJES:*** *Crea personajes de ficción. Escribe la filiación de protagonistas y antagonista.*
- ***ARGUMENTO:*** *Haz una síntesis del cuento, poniendo la lupa en el problema principal.*
- ***TRAMA:*** *Escribe las situaciones que vas a abordar; idea un inicio emocionante y un final sorpresivo; identifica tus apogeos y clímax. Usa analepsis.*
- ***ESQUEMA:*** *Pule los pormenores en una lista de puntos muy claros, hasta que puedas ver el cuento completo con tu imaginación antes de comenzar.*
- ***PRODUCCIÓN:*** *Ve al grano. Escribe frases cortas. Escribe con dinamismo. Pero sobre todo escribe. Combina de manera equilibrada buenas descripciones, narraciones, diálogos y ontologías.*
- ***ESTILO:*** *Asegúrate de que tu cuento tenga excelentes formas y un gran fondo.*

Haz tu preparación en hojas aparte. Aquí redacta el cuento.

6 ESTILO

Reto # 22

Ritmo

LEE EN VOZ ALTA Y TARAREA

NO ESCRIBAS COMO HABLAS, ESCRIBE COMO LEES. ANTES DE ESCRIBIR ELIGE UN "LIBRO MODELO", ADQUIERE SU RITMO DE LECTURA Y REDACTA EN ESA CADENCIA, PERO CON TU PROPIA VOZ.

Conflictos, creencias y sueños no intenta ser un taller de redacción para secundaria, sino una verdadera guía de escritura profesional. Aunque todas las técnicas que hemos estudiado hasta ahora son importantes, algunas, como esta, lo son ***más***. Si no te la dijera, en realidad no te estaría revelando los secretos finos del escritor.

LA LITERATURA ES MUSICAL. SUENA EN LA MENTE COMO MELODÍA.

Hay melodías de todo tipo. Si a ti te gusta la cumbia o la bachata, escuchas esos ritmos, y si eres compositor de música, escribirás partituras de cumbia y bachata. Así es el proceso. Para componer pop, oyes pop, para componer rock, oyes rock. Depende de qué ritmos reproduzcas en tu aparato de sonido serás proclive a crear ese tipo de melodías. Como escritor te sucederá lo mismo. No se escriben igual un cuento infantil, una novela juvenil, una obra de teatro, un contrato legal o una carta de ventas. Cada estilo tiene un ritmo. Puedes escribir en diferentes tipos de ritmos.

Ritmo es sinónimo de *movimiento, cadencia, sucesiones, tiempo*.

Haz esto: dependiendo de lo que te dispongas a escribir, elige el libro de un autor que te fascine, una obra que hayas admirado y disfrutado al leerla. Antes de sentarte a redactar, abre el libro elegido y lee en voz alta durante al menos *diez minutos*. Lee despacio. Frase por frase. Escucha cómo suena. Llena tu mente de la cadencia gramatical; repara en las formas (sinónimos y matices) del texto. Haz que tu cerebro registre la construcción de frases, la afluencia de ideas, la riqueza del lenguaje; tararea ese compás. Luego cierra el libro y comienza a escribir. A este ejercicio le llamo ***adquirir un ritmo de lectura***.

No se trata de copiar a los autores que admiramos, sino de escuchar su *beat*. Aprender a encontrar tu propio estilo, pero dentro de un ritmo gramatical más elevado *que el de la palabra oral* que llevas por *default* en la cabeza.

De joven mi libro favorito era *Escrito en las olas* de Torcuato Luca de Tena. Lo leí tantas veces que muchos de mis libros posteriores se adscriben a ese ritmo. Cuando una de mis hijas leyó el libro de Torcuato, me dijo: "Pensé que lo habías escrito tú". Fue un elogio saber que llegué a tener la cadencia de mi maestro. Hoy admiro a otros mentores; leo sus obras en voz alta, grabo la lectura, y en mis tiempos de descanso cuando salgo a hacer ejercicio, me pongo unos audífonos, escucho las grabaciones y regreso a mi estudio sin perder la afinación.

Compréndelo: un buen escritor no escribe como habla. Escribe como lee. Como lo que lee... como a quién lee. Sin copiar frases ni palabras, ¡pero al ritmo de las grandes obras!

Para que tus letras tengan elegancia literaria, ponte a tono: lee libros con el ritmo que te gustaría adquirir y redacta al compás de esa armonía.

La música es mi afición secreta más amada. Para entender la diferencia entre composiciones barrocas, clásicas, románticas, sinfonías, conciertos, óperas, oratorios... debemos escuchar cada pieza musical. Cerrar los ojos y seguir con atención. Aquí haremos lo mismo... Pero con las letras.

Lee en voz alta y escucha el ritmo de los siguientes escritos:

HANS CHRISTIAN ANDERSEN[1]

El ritmo del siguiente ejemplo es rápido, claro, al grano; como deben escribirse los cuentos para niños.

> Érase una mujer que anhelaba una niña chiquita y no sabiendo cómo obtenerla, fue a consultar a una vieja hechicera.
> —Ardo en deseos de tener una niña chiquitina —le dijo—, ¿podrías decirme qué puedo hacer?
> —¡Oh! Es muy fácil —contestó la bruja—, aquí tienes un grano de cebada distinto del que se siembra en el campo. Plántalo en una maceta y ya verás.
> —Gracias —dijo la mujer dando a la hechicera una moneda de plata.
> Llegando a su casa enterró el grano en una maceta. Inmediatamente nació y se desarrolló una flor magnífica, semejante a un tulipán.
> —Qué flor tan preciosa —exclamó la mujer besando los pétalos—, pero no bien lo hubo hecho, el capullo se abrió, produciendo un ligero estallido. En la corola, sentada en el verde terciopelo de los estambres, apreció una niña pequeñita, llena de gracia y gentileza, aunque apenas pasaba su estatura de la mitad de una pulgada, por cuya razón le puso por nombre Pulgarcita.

1 *Cuentos de Hans Chiristian Andersen* / Andersen, Hans Chiristian. México, Época, 1984.

LITERATURA JURÍDICA[2]

El siguiente ejemplo, ininteligible para el profano, es técnico, lo incluyo solo para que escuches un ritmo opuesto.

> El asociante acepta los bienes y servicios aportados por el asociado y se compromete a destinarlos al fomento de las actividades mercantiles señaladas en la cláusula segunda, en acuerdo a las declaraciones del proemio. También se compromete a participar a los asociados en las utilidades o pérdidas originadas de sus operaciones mercantiles mencionadas aplicando los recursos en forma exclusiva al negocio objeto del presente.

GUSTAVO ADOLFO BÉCQUER[3]

Escucha a este gran autor. De manera intencional repite muchas veces las palabras, creando un ritmo narrativo casi poético.

> Ella era hermosa, hermosa con esa hermosura que inspira vértigo: hermosa con esa hermosura que no se parece en nada a la que soñamos, y que, sin embargo, es sobrenatural; hermosura diabólica, que tal vez presta el demonio a algunos seres para hacerlos sus instrumentos en la Tierra.
>
> Él la amaba; la amaba con ese amor que no conoce freno ni límites; la amaba con ese amor en que se busca un goce y sólo se encuentran martirios; amor que se asemeja a la felicidad, y que no obstante, parece infundir el cielo para la expiación de una culpa.
>
> Ella era caprichosa, caprichosa y extravagante como todas las mujeres. Él, supersticioso, supersticioso y valiente como todos los hombres de su época.
>
> Él la encontró un día llorando y le preguntó:
>
> —¿Por qué lloras? —ella se enjugó los ojos, le miró fijamente, arrojó un suspiro y volvió a llorar.

6 ESTILO

2 www.ejemplode.com

3 *Leyendas* / Bécquer, Gustavo Adolfo. España, Busma, 1988.

ARTURO PÉREZ-REVERTE[4]

Ahora escucha el ritmo de un genio y autoridad literaria. Es desparpajado, atrevido, sin signos de puntuación en los diálogos.

Antes nos moriríamos de otra manera. Salvo accidentes, guerras e imprevistos, los españoles decían adiós muy buenas en el dormitorio de su propia casa y, según las esquelas del *ABC*, tras larga y dolorosa enfermedad. Eran los nuestros unos óbitos dignos y meridionales, con la familia alrededor, los hijos diciendo papá no te vayas y las vecinas rezando el rosario en la cocina, entre copita y copita de anís del Mono y agua de azahar. Se oía una campanilla, llegaba un cura rezando latines, y una de dos: el agonizante decía pase usted padre, con cristiana serenidad, o lo mandaba a freír espárragos con la mujer y las hijas diciéndole hay que ver, Paco, papá, cómo eres, te vas a condenar. Morirse en España era morirse uno en la cama como Dios manda, protagonista del último acto de su vida, libre de aceptar o rechazar los santos óleos, bendecir a la progenie o, llegando el momento supremo, incorporarse un poco sobre la almohada y decirles a los deudos con el último suspiro eso tan satisfactorio y tan castizo de podéis iros todos a la mierda.

JUAN JOSÉ MILLÁS[5]

Oye el ritmo de un maestro apacible, sincero, sensible; casi como el de un amigo que nos hace confidencias.

En el principio fue el frío. El que ha tenido frío de pequeño, tendrá frío el resto de su vida, porque el frío de la infancia no se va nunca. Si acaso, se enquista en los penetrales del cuerpo, desde donde se expande por todo el organismo cuando le son favorables las condiciones exteriores. Calculo que debe de ser durísimo proceder de un embrión congelado... Recuerdo que el frío

4 *Sobre héroes y damas* / Pérez-Reverte, Arturo. Barcelona, Círculo de Lectores, 1999.

5 *El Mundo* / Millás, Juan José. Barcelona, Planeta, Círculo de Lectores, 2007.

no venía de ningún lugar por lo que tampoco había forma de detenerlo. Formaba parte de la atmósfera, de la vida, porque la condición de la existencia era la frialdad como la de la noche es la oscuridad. Estaba frío el suelo, el techo, el pasamanos de la escalera, estaban frías las paredes, estaba frío el colchón, estaban fríos los hierros de la cama, estaba helado el borde de la taza del retrete y el grifo del lavabo, con frecuencia estaban heladas las caricias. Aquel frío de entonces es el mismo que hoy, pese a la calefacción, asoma algunos días del invierno y hace saltar por los aires el registro de la memoria. Si se ha tenido frío de niño, se tendrá frío el resto de la vida.

JUAN MANUEL DE PRADA[6]

Por último, escucha el ritmo de (mi escritor favorito) el maestro de maestros actual en cuanto a riqueza retórica.

Nuria se mató, o la maté, antes de que se cumpliera el primer aniversario de nuestra boda. Viajábamos a la ciudad de mi infancia... Olvidó abrocharse el cinturón de seguridad; o tal vez no lo olvidara, extrañamente no había hecho otra cosa desde que salimos de Madrid que quejarse del cinturón... Pisé el acelerador con alegría, con esa incitación un poco mema que provoca en los conductores el ronroneo pacífico del motor. Atravesábamos un viaducto cuando reventó una de las ruedas traseras; nos sobresaltó más la sacudida que el estallido del neumático. Intercambié una mirada de alarma con Nuria, que lanzó instintivamente su mano izquierda sobre mi muslo, hasta clavarme las uñas a través de la tela; yo me aferraba al volante tratando de sostener la dirección, a la vez levantaba el pie del acelerador y lo llevaba al freno, pero todo fue en vano, o quizá el frenazo brusco no hizo sino agravar la situación. El coche, ingobernable ya, embistió oblicuamente contra la mediana, que actuó como un

---

6 *El séptimo velo* / Prada, Juan Manuel de. España, Seix Barral, 2007.

trampolín; mientras dábamos una vuelta de campana, sentí toda la energía cinética provocada por el impacto concentrada en mis costillas, a la vez que los añicos me acribillaban el rostro... Vi a Nuria salir catapultada por el hueco del parabrisas, como una marioneta a la que alguien hubiese quebrado los hilos, ingrávida y perpleja como un ángel que descubre que puede elevarse, aunque le hayan arrancado las alas; aún recuerdo su rostro demudado, los ojos absortos de horror y la melena como un pájaro despavorido, la boca atrapada en un grito que la garganta no llegó a proferir...

La habían tendido sobre una camilla; su belleza sepulcral se congregaba en sus labios, que se habían tornado lívidos y sin embargo preservaban su carnosidad; una sábana la cubría cándidamente desde el arranque de los senos hasta las rodillas: con repeluzno y sorda cólera discurrí que la sábana no sólo protegía su desnudez, sino que también escondía los costurones que habrían dejado en su torso después de la autopsia. Todo mi ser rechazaba la muerte de Nuria... Entonces el forense exageradamente cortés lo dijo, o más bien lo deslizó, con cautela: "el niño se perdió, claro; murió en el acto con su madre". Su tono era compungido, nada insidioso; al principio sus palabras sólo acentuaron aquella impresión de irrealidad que se había adueñado de mí: "Creo que se equivoca de persona —murmuré exasperado—. Nosotros no teníamos hijos".

Cuando comencé no había computadoras. Solo máquinas mecánicas. No se podía borrar. Si te equivocabas en un texto tenías que repetirlo. Por una parte era terrible; por otra, fantástico. Porque la mejor forma de crecer como escritor era copiando tus propios textos y volviéndolos a construir con otros matices, con mejores frases. Vamos a hacer este ejercicio. Atrévete. Verás la diferencia.

Manuscrito 22.
LA SEGUNDA VERSIÓN DE MI CCS

PG: MIS TEXTOS EN COMPUTADORA CON UN RITMO MÁS PROFESIONAL.

Todo estaba calculado para llegar hasta aquí.

A partir de este momento escribirás en computadora.

El siguiente ejercicio es extenso. Quizá te tome varios días de arduo trabajo. Pero no lo sufras. Ten en cuenta que estás haciendo algo grande, dejando una huella, pasando a la historia. Disfrútalo.

Vas a escribir de nuevo los veintiún textos de esta libreta: cópialos en el procesador de textos y al hacerlo recomponlos en una mejor versión.

¿Te parece demasiado laborioso? ¿Y qué esperabas? Tu obra no puede quedarse en estas hojas. Debe crecer. Además, los escritores estamos acostumbrados a pasar en limpio los párrafos cientos de veces. El libro que conoces de Los ojos de mi princesa, *es la versión once. Escribí la primera a los dieciséis años. La versión siete se hizo muy famosa. Se llamó* La fuerza de Sheccid *y vendió novecientos mil ejemplares.*

Lo importante de este ejercicio cardinal es que lo harás ***adoptando un ritmo de lectura****.*

Haz esto:

Lee EN VOZ ALTA un texto modelo que contenga el ritmo que deseas lograr; lee despacio cada frase. Haz que tus neuronas vayan hilvanando nuevas sinapsis hasta que consigas meterte a la misma cadencia de construcción verbal. Lee durante diez minutos.

En cuanto termines, toma tu pluma, ten cerca un diccionario para matizar mejor y ponte a escribir: copia tu primer manuscrito perfeccionándolo y adscribiéndolo al ritmo profesional que tienes en la mente. Cuando termines, lee otro texto modelo. En voz alta. Lentamente. Al terminar, pasa en limpio el segundo manuscrito. Repite la misma dinámica en los veintiún textos.

Algo grande va a ocurrir en tu cerebro. Y en tu forma de escribir. Te lo garantizo. ¡Ya llegaste hasta aquí! ¡No te puedes quedar a unos metros de la meta!

SÉPTIMA PRUEBA A SUPERAR:

Edita

PRUEBAS SUPERADAS HASTA EL MOMENTO:

✓ Todas.

Llegamos a la prueba final: editar.

O lo que es igual: preparar el texto para ser impreso.

Hasta aquí has logrado una interesante galería de escritos. Veintiuno para ser exactos. Los creaste de forma independiente. Cada uno es autónomo y digno de ser leído por separado.

¡Una vez que superes la siguiente prueba, tus manuscritos estarán terminados!

- Podrás subirlos al portal de *Conflictos, creencias y sueños* (www.ccsescritores.com).
- Podrás publicarlos en alguna revista o blog.
- Podrás dárselos a leer a tu pareja o amigos.

SÉPTIMA PRUEBA PARA *ESCRITORES CCS 7-25:*

Al final te mostraré cómo usar tus manuscritos en la creación de un libro.

Lo prometido es deuda.

Hemos llegado a la recta final. No desistas.

Reto #23

Corregir

PERFECCIONA CADA FRASE

NO TE CONFORMES CON ESCRIBIR REGULAR. NO ACEPTES PRODUCIR TEXTOS MEDIANAMENTE BUENOS. VUÉLVETE CELOSO OBSESIVO DE LA EXCELENCIA GRAMATICAL. RETOCA CADA PÁRRAFO. PULE EL CONJUNTO.

Corrige al menos cinco veces en computadora y una en papel. ¿Por qué cinco? Porque cuatro son pocas, y cinco es mi número favorito.

Con los años he desarrollado tanto este proceso de pulimiento que cuando leo un texto "regular", de inmediato pienso (por ejemplo): "este autor solo hizo dos correcciones; ¡le faltaron al menos tres!". No te atrevas a imprimir un documento en su primera versión, ni en su segunda. No comas ansias por ser leído. Primero corrige y vuelve a corregir. Haz que tu lenguaje sea más bello, tus frases más cristalinas, y todos tus párrafos indispensables.

VUÉLVETE EXPERTO EN LA GRAMÁTICA DE TU IDIOMA

Amigo, aficiónate a leer libros sobre errores gramaticales, corrección de estilo y propiedad idiomática. Hay muchos y son divertidos.

En caso de duda, consulta el portal de la ***Fundación del español urgente*** Fundéu.

Obedece a la RAE. Muchos correctores de estilo y escritores se niegan a acatar las nuevas reglas, pero es una terquedad infructuosa.

Tuve un editor obstinado que me convenció de seguir acentuando el adverbio **solo** y los pronombres demostrativos **este, esta, estos, estas, ese, esa, esos, esas, aquel, aquella, aquellos, aquellas**, ¡a pesar de que la Real Academia dijo en 2010 que no se hiciera más! Es simple:si la RAE dice que no, no lo hagas.

La persona educada, por definición, usa bien su idioma, mientras que la ignorante habla y escribe mal.

Pon especial atención a la PROSODIA. Detecta los errores en otros y en ti. Algunos ejemplos comunes:

INCORRECTO	CORRECTO	INCORRECTO	CORRECTO
hágamos	hagamos	grados centígrados	centígrados
diabetis	diabetes	pos – pus	pues
hectaria	hectárea	arriar	arrear
comelón	comilón	especie (hierba)	especia
gripa	gripe	nariz curva	corva
tualla	toalla	pa-yá	para allá
lagaña	legaña	hojaldra	hojaldre
pilotear	pilotar	pirinola	perinola
destornillarse de risa	desternillarse	haiga	haya
cacaraquear	cacarear	polvadera	polvareda
persinarse	persignarse	transgiversar	tergiversar

CUIDA LOS VERBOS

Ante la duda de cómo se conjuga un verbo irregular, conoce el "modelo".

Por ejemplo, el modelo de ***nevar*** es *acertar*. Así que se dice **nieva** (como **acierta**) y no **neva**.

El modelo de ***soldar*** es *contar*. Por eso se dice **suelda** (como **cuenta**) y no **solda**.

VERBO	INCORRECTO	CORRECTO	MODELO
maldecir	maldecí	maldije	decir
contradecir	contradecí	contradije	decir
predecir	predecí	predije	decir
conducir	conducí	conduje	decir
andar	andó	anduvo	tener
satisfacer	satisfací	satisfice	hacer
prever	preveer	prever	ver
templar	tiempla	templa	amar
sorber	suerbo	sorbo	temer
mecer	mezco	mezo	temer
coser (tela)	cueso	coso	temer
cocer (comida)	cozo	cuezo	contar
ensangrentar	ensangrenta	ensangrienta	pensar
arrendar	arrendo	arriendo	pensar
empedrar	empedran	empiedran	pensar
nevar	neva	nieva	acertar
pilotar	pilotea	pilota	amar
soldar	soldo	sueldo	contar
degollar	degolla	degüella	contar
engrosar	engrosa	engruesa	contar
forzar	forza	fuerza	contar
renovar	renoven	renueven	contar
tostar	tosta	tuesta	contar
volcar	volca	vuelca	contar
alentar	alento	aliento	pensar
venir	Venimos ayer	Vinimos ayer	Solo en presente con "e" (venimos hoy)

Otros errores comunes:

INCORRECTO	CORRECTO	REGLA
hemorragia de sangre jauría de perros el día de hoy puño cerrado periodo de tiempo lapso de tiempo salir para afuera vuelvo a reiterar desternillarse de risa	hemorragia jauría hoy puño periodo lapso salir reiterar desternillarse	Es importante evitar las redundancias. Hay palabras que ya contienen su explicación. "Hemorragia" significa *salida de sangre*. "Hoy" significa *el día presente*. "Lapso" significa *espacio de tiempo*, "Puño" significa *mano cerrada*, etc.

INCORRECTO	CORRECTO	REGLA
la águila la hacha la agua la arma	el águila el hacha las aguas las armas	Los sustantivo femeninos que comienzan con á tónica (águila, hacha, alma, agua, arma) usan el artículo masculino (solo) en singular.
dijistes comistes vinistes trajistes bailastes hicistes	dijiste comiste viniste trajiste bailaste hiciste	Por ningún motivo se puede agregar una "s" a los verbos en pasado.
rubís bambús bisturís	rubíes bambúes bisturíes	A las palabras terminadas en vocal débil acentuada o consonante, se le agrega "es" para el plural.
padresnuestros avesmarías	padrenuestros agridulces avemarías portafusiles	Las palabras compuestas llevan el plural al final, excepto cualesquiera y quienesquiera.
lueguecito tantito cerquita al ratito de veritas	luego tanto cerca al rato de veras	Debemos evitar el diminutivo de adverbios. Hablar con demasiados diminutivos es signo de incultura.
muchisisímo contentisísimo	muchísimo contentísimo	Prohibido repetir la sílaba sí en la terminación ísimo.
ardientísimo fuertísimo valientísimo ciertísimo diestrísimo nuevísimo	ardentísimo fortísimo valentísimo certísimo destrísimo novísimo	Al formar aumentativos, el diptongo "ue", cambia a "o" y el "ie" a "e".
habemos muchos habemos algunos	somos muchos estamos algunos	Jamás se debe usar la palabra "HABEMOS". Esta palabra no existe. Se debe sustituir por otra.
vaso con agua	vaso de agua	La preposición "de" significa pertenencia y contenido. Como en copa de vino, taza de café, plato de sopa.

INCORRECTO	CORRECTO	REGLA
doceavo lugar veinteavo participante	décimo segundo lugar vigésimo participante	La terminación avo en los números es solo para quebrados 1/24 = un veinticuatroavo. Jamás se debe usar, por ejemplo, quinceavo o treintaicincoavo para números ordinales. Lo correcto es décimo quinto o trigésimo quinto.
la primer mujer la primer vez la tercer gimnasta la tercer participante	la primera mujer la primera vez la tercera gimnasta la tercera participante	Los adjetivos numerales *primero* y *tercero* sólo se apocopan en masculino. Está bien decir. El *primer libro* o el *tercer participante*. Pero nunca la *primer vez* o la *tercer gimnasta*.
Abril Primavera Lunes Biología	abril primavera lunes biología	En español, los días, meses o estaciones del año se escriben con minúscula. También el nombre de las ciencias

Los cuadros anteriores son parte de mi colección personal de errores idiomáticos comúnes. Haz la tuya. Complétala.

Al corregir un texto sé muy estricto y perfeccionista. Y una vez que hayas pulido tus escritos ***descansa*** antes de hacer la última corrección. Ese es un secreto crucial del escritor profesional:

PARA LA CORRECCIÓN FINAL ¡DESAPÉGATE!

Cuando hayas terminado la quinta corrección en la computadora y creas que tu libro está "perfecto", entra a lo que llamo ***PERIODO DE DESAPEGO***. Vete de vacaciones, emprende un negocio, cásate otra vez (de preferencia con la misma pareja), inscríbete en un curso de *ballet* folclórico; haz lo que sea para olvidar tus textos.

El PERIODO DE DESAPEGO debe durar de DIEZ a TREINTA días. Después de él, imprime el libro; vuelve a leerlo con cabeza fría y plumín rojo en mano. Sé duro. Tacha todo lo que esté regular. Reitero: aunque seas ecologista, la corrección final no se hace en computadora, ***se hace en papel***.

CORRIGE SIN CESAR

Como decía Leonardo da Vinci: "El arte nunca se termina, solo se abandona". Jamás pulirás lo suficiente un texto. No importa qué tan bien lo hayas hecho, siempre podrás dejarlo mejor.

Acepta que vas a tachar, borrar y reescribir. Para corregir se necesita humildad; el atributo de los grandes.

Revisa tus veintiún textos. Elige uno; el mejor; corrígelo cinco veces en computadora y una más en papel.

Reto #24

Adelgazar

DESBASTA LA PIEDRA

PON A DIETA TUS TEXTOS. CASI TODOS NACEN COMO BEBÉS ROLLIZOS Y CACHETONES. DEJA DE ENGORDARLOS. SI LES SOBRA GRASA, NO ESTÁN SANOS. TOMA EL BISTURÍ O HAZLES LA LIPOSUCCIÓN.

Muchos escritores tienen un ego engrandecido. Piensan que sus palabras son como edictos del rey que el pueblo debe descifrar. Por eso escriben largo y abundante. Se equivocan de época. Hoy la gente ya no tiene tiempo de leer, y está abrumada con opciones para distraerse. Hoy se escribe diferente.

LA BUENA LETRA ES BREVE.

Para que un lector se mantenga leyendo, necesita poder cerrar ciclos de reflexión y emoción *cada cinco minutos*. Por eso nuestros capítulos deben ser intensos y concisos. Leerse en cinco minutos.

Hagamos cuentas.

Una persona normal (que no ha desarrollado habilidades de lectura veloz), puede leer doscientas palabras por minuto. Así, para que termine un capítulo en cinco minutos, el capítulo debe ser de mil palabras.

¿Difícil? No. ¡*Muy* difícil! Sobre todo porque en ese lapso el escritor necesita plasmar escenas verosímiles de personajes vivos en un equilibrio de narraciones, descripciones y diálogos; ¡y además terminar con un gancho que deje interesado al lector para seguir leyendo!

En *Juventud en éxtasis* (1992), mis capítulos eran cuatro veces más grandes que en *Sheccid. Cuando el amor duele* (2016). El lector de *Juventud en éxtasis* invierte una hora para terminar cuatro capítulos mientras que el lector de *Sheccid*, en esa hora, avanza quince. También es una estrategia psicológica. ¿Quién se sentirá más motivado en un partido de baloncesto?, ¿el equipo que a duras penas lleva cuatro encestes o el que ha conseguido quince?

OBSERVA:

La princesa Sheccid descubrió pasadizos secretos en el palacio.

Tomó una lámpara y se adentró en ellos; eran túneles subterraneos. Había goteras, charcos, ratas.

Escuchó un gemido. Se quedó paralizada unos segundos, luego siguió avanzando. Descubrió lo insólito: Calabozos. Mazmorras de castigo donde yacían reclusos condenados a la tortura del aislamiento lóbrego. Prisioneros moribundos en celdas herrumbrosas que estiraban sus manos pidiendo ayuda.

Los observó. Primero aterrada, luego afligida. Esos hombres vivían en condiciones infrahumanas.

A la luz de la lámpara, un joven recluso, acusado y condenado injustamente, descubrió a la princesa. Creyó que soñaba. Era una mujer de ojos claros y mirada compasiva. Su gesto brillaba por el efecto de algunas lágrimas contenidas y otras que no pudo contener.

¿Quién era ella? El joven se inclinó para verla mejor. Llevaba un atuendo real; tenía que ser la princesa.

> Sheccid volvió al palacio y le pidió a su padre que liberara a los hombres de los calabozos. Pero el rey era cruel y no la oyó. Hizo que cerraran los pasadizos con doble seguridad.
>
> Se extendió entre los reclusos un desaliento fantasmal. Sin embargo, el joven ahora tenía luz en su corazón. La princesa Sheccid había encendido en él la llama del amor, el deseo de vivir, la fuerza para salir de ese pozo, superarse y convertirse en alguien digno de buscarla y conquistarla.

El texto anterior es delgado, ligero. ¡Pero si vieras cómo nació! Gordo, pesado. Como nacen casi todos nuestros textos. Ocupaba cuatro páginas en la primera versión de la novela. Luego lo puse a dieta. Y al final, lo deseché. Ni siquiera tenía que estar en el libro. Podía aparecer entre líneas, como un leve tinte de amor en medio de la historia central...

Borrar es doloroso.

Los autores sufrimos si tenemos que tirar a la basura textos que nos gustan. Pero ¿quién nos da derecho a obligar al lector a zamparse todos nuestros menjurjes? Ya lo sabes: Cuando escribes el que importa es el lector. No lo sometas a lecturas yermas.

Existe un paradigma académico obsoleto y petulante que califica a los libros "gordos" como "mejores obras". Algunos autores creen que imitando al Cervantes o a Dante Alighieri en la extensión de sus trabajos serán más reconocidos. ¡Por Dios! No vivimos en el siglo quince. Ahora la verdadera virtud está en la brevedad. Cualquiera hace un mal libro grande. Sólo los profesionales conscientes son capaces de hacer buenos libros pequeños. Es mucho más difícil.

Lo que estoy diciendo no contradice a lo que estudiamos antes. En la etapa de producción te pedí que escribieras muchos párrafos, que te explayaras y te extendieras sin mirar atrás. De eso se trataba entonces. Necesitábamos generar la ***mole de piedra***...

Miguel Ángel dijo respecto al David: *fue fácil; solo tuve que quitarle a la roca todo lo que le sobraba*.

Tu libro será maravilloso, pero está escondido dentro de una enorme ***mole de piedra*** que tú mismo creaste. Está bien; ahora toma el cincel y desbasta. Dedica todo el tiempo y esfuerzo que hagan falta para adelgazar tus textos hasta que vayan apareciendo las líneas más finas.

Te reto a quitar palabras. Si te gusta un párrafo que escribiste (pero no hace falta) córtalo y pégalo en otro documento que se llame ***sobrantes disponibles***. Guarda ahí las frases buenas que quieras conservar para otra obra, o para tu contemplación narcisista. Total. Nadie se va a enterar.

CONSTRUYE PÁRRAFOS CORTOS

Los puntos y aparte nos permiten descansar la vista (por eso, leer diálogos es tan agradable). Si al momento de abrir un libro vemos párrafos inmensos saturando hojas completas, nos sentimos disuadidos a leer. ¿Quién quiere meterse en un documento que, como escalera sin fin, no nos brinda la cortesía de unos rellanos?

Los párrafos cortos requieren más trabajo. Pueden volverse poéticos. Llevan consigo la fuerza del silencio. Y del respiro.

Como este capítulo habla sobre las virtudes de la brevedad (y llevamos hasta aquí novecientas dieciocho palabras), terminemos. No sin antes, eso sí, pedirte que hagas un ejercicio para cumplir el reto. Toma el manuscrito más largo que hayas escrito y adelgázalo. Te lo agradecerá.

Reto #25

Ensamblar

UNE LAS PIEZAS EN OTRO ORDEN Y ESCRIBE UN LIBRO

DESPUÉS DE REDACTAR MANUSCRITOS SUELTOS, REÚNELOS Y ACÓPLALOS. TODOS TUS PÁRRAFOS BIEN ESCRITOS TE PODRÁN SER ÚTILES EN EL ENSAMBLAJE DE UN LIBRO.

APRENDE A ENSAMBLAR.

¿Has oído sobre las fábricas ARMADORAS de autos? En ellas se reúnen las partes fabricadas en otros talleres y se ensamblan. Los libros son un sistema compuesto por muchos subsistemas finamente articulados.

En *Sheccid. Cuando el amor duele*, los capítulos se alternan en tiempos. Originalmente escribí tres libros diferentes; luego los entremezclé y pulí las uniones.

YA REDACTASTE VEINTE DOCUMENTOS PERSONALES Y UN CUENTO.

Ya los pasaste en limpio. Los tienes en computadora. ¿Quieres escribir un libro con ese material? Tendrás que pegarlos en diferente orden, escribir uniones y generar más textos. Pero sí. Tú puedes escribir un libro.

Voy a darte dos opciones. Estás en posibilidades de hacer:

1. UNA CARTA LITERARIA (meta esencial).
2. UNA NOVELA (meta suprema).

Como vamos a usar los manuscritos que ya tenemos, lo primero que necesitamos es un inventario.

CONTAMOS CON ESTO:

① **INVITACIÓN:** Cómo me ha dolido la soledad, invitación a mi pareja a leer este cuaderno.
② **DESCRIPCIÓN SENSORIAL**: Dónde estoy y cómo me siento.
③ **MI SUEÑO DE AMOR:** La relación de pareja que siempre he anhelado.
④ **LIBROS Y ESTUDIOS QUE ME APASIONAN:** Un pedacito de mis conocimientos.
⑤ **MI PREOCUPACIÓN DE HOY:** Los problemas actuales sin resolver, que me agobian.
⑥ **MIS CICATRICES:** Un pasado que me ha dejado marcas, y cómo me he levantado.
⑦ **AMOR, TE BRINDO MIS ATRIBUTOS:** Una carta en la que ofrezco lo que soy a mi pareja.
⑧ **QUERIDO ANTAGONISTA:** Reclamo elegante hacia alguien que me ha molestado.
⑨ **FORTALECIENDO UNA RELACIÓN VALIOSA:** Una carta de empatía sincera, para elogiar.
⑩ **MI MARCO TEMPORAL:** Retos y oportunidades actuales en mi mundo.
⑪ **MI ENFERMEDAD:** Un relato de la adversidad física por la que he tenido que atravesar.
⑫ **MI CRISIS FINANCIERA:** Relato de mi peor momento económico y cómo lo resolví.
⑬ **EL MILAGRO QUE VIVÍ:** Narración de un evento peligroso y la forma en que salí de él.
⑭ **TRES SUCESOS COTIDIANOS:** Lo peor, lo mejor y lo que espero de la siguiente semana.
⑮ **UN BUEN AMIGO Y UN MAL AMIGO:** Anécdotas simbólicas que viví con dos amigos.
⑯ **ÁLBUM DE FOTOS FAMILIARES:** Una descripción de mi casa.
⑰ **MI PASADO AMOROSO:** Narración de cómo falló una antigua relación.
⑱ **CARA A CARA CON MI PADRE:** Un diálogo sobre secretos filiales.
⑲ **MI DIOS:** Una ontología sobre mis creencias espirituales.
⑳ **TESTAMENTO:** Relato de ficción en el que describo mi despedida del mundo.
㉑ **CUENTO:** La historia de un héroe.
㉒ **LA SEGUNDA VERSIÓN DE MI *CCS*:** Mis textos en computadora.

Enfrentemos la meta esencial. ¿Cómo haríamos una carta literaria?

Para empezar ¿qué tipo de libro es ese?

El mejor ejemplo que puedo darte es *Si quieres casarte con mi hija, debemos hablar*... UNA CARTA DE HOMBRE A HOMBRE, que escribí como un futuro suegro que le habla a su posible yerno. Búscala.

Esta clase de libros son intimistas, emotivos, que confrontan; el lector lee una correspondencia en la que él podría ser remitente o destinatario.

Para hacer una ***Carta literaria a tu pareja*** usa tus primeros veinte manuscritos.

Sigue estas recomendaciones:

✓Define. ¿Quieres fortalecer la RELACIÓN ACTUAL, despedirte de una RELACIÓN PASADA o crear una RELACIÓN FUTURA?

✓Haz la ***Tabla de contenido*** (Esquema riguroso) con un ***orden nuevo***. Imprime la lista de manuscritos y anota encima de cada uno el orden de aparición que ahora quieres. Este es el criterio:

- Comienza mostrando tu lado humano con el manuscrito 3, 5, 6, 8, 9, 17, 18 o algún otro en el que abras tu corazón y reveles heridas profundas. Se trata de iniciar expresando, con humildad, que hay algo muy fuerte que detonó tu deseo de escribir esa carta.
- Háblale al destinatario de tu sueño de amor (con el manuscrito 3) y de tu deseo de que lea este libro que escribiste para él o ella (con el manuscrito 2).
- Alterna manuscritos románticos con confesiones.

✓Haz que tu pareja comprenda que le confías todo eso

por tu necesidad de entablar con ella una relación más profunda.

✓Crea un Propósito Gobernante que te acompañe en todo el libro. Una razón abierta por la que escribes esa carta. En cada capítulo escribe párrafos que la unifiquen.

✓Pule las uniones. Asegúrate de que el libro pueda leerse sin interrupciones de principio a fin.

✓Agranda los documentos que necesites agrandar. Elimina los que te estorben.

✓Recuerda, esto es un rompecabezas. Une las piezas. Haz una obra de arte.

AHORA ENFRENTEMOS LA *META SUPREMA*. ¿CÓMO HARIAMOS UNA NOVELA?

Aquí estamos hablando de palabras mayores.

La novela es la reina del género literario. ¿Quieres escribir una? Los veintiún manuscritos que ya tienes servirán como apoyo, pero tendrás que escribir más; mucho más.

He preparado para ti un **SUMARIO DEL ESCRITOR PROFESIONAL**. Verás que de alguna forma resume todo lo que hemos estudiado. El aficionado se pone a escribir sin seguir ni conocer este SUMARIO. Por eso tiene resultados azarosos. Tú no. Tú vas por algo grande. Así que síguelo paso a paso. No será fácil, pero si lo haces de verdad, irás con seguridad hacia tu meta.

Una sola acotación. Y disculpa que lo diga sin rodeos. Entre tú y yo no hay disfraces. **Cuando publiques tu(s) libro(s) deberás anotar en los créditos que aprendiste los secretos del escritor aquí. (*Método CCS 7-25. Conflictos, creencias y sueños, de Carlos Cuauhtémoc Sánchez; 7 pruebas y 25 retos*).**

Copia el siguiente instructivo en un documento electronico y escribe en computadora.

SUMARIO DEL ESCRITOR PROFESIONAL

1. LECTOR IDEAL

¿Para quién escribes? "Target mercadológico". ¿A quién va dirigida tu novela? ¿Cómo imaginas física, mental y psicológicamente al lector ideal de este libro?

2. PROPÓSITO GOBERNANTE

Define el tema: *¿qué*? (asunto del que vas a escribir).

Define el objetivo: *¿para qué*? (pensamientos y emociones que deseas provocar en el lector).

3. ARGUMENTO

Haz un resumen de la historia "poniendo la lupa" en la problemática principal. Procura que ese resumen quepa en un párrafo de unos diez renglones, y que no describa el final.

Este punto es decisivo. ¿Qué circunstancias agrandaremos como centro del drama?

Para nuestra novela tenemos varias opciones. Podemos poner la lupa en un manuscrito que será el centro de la novela:

- 5. Mi preocupación de hoy.
- 6. Mis cicatrices.
- 8. Querido antagonista.
- 11. Mi enfermedad.
- 12. Mi crisis financiera.
- 13. El milagro que viví.

- 17. Mi pasado amoroso.
- 18. Cara a cara con mi padre.
- 20. Testamento.
- 21. Cuento. (¡Así, es!, toda la novela puede ser ese cuento ampliado y enriquecido).

Aquí debemos elegir muy bien. El argumento lo es todo antes de iniciar.

4. TRAMA

Ha llegado un momento crucial. Tal vez tengas que trabajar aquí por horas. Imagina que vas a hacer un viaje de cinco semanas a Europa y Asia. Antes de tomar el primer avión deberás dedicar mucho tiempo a trazar un itinerario. Eso es la trama.

Revisa los documentos que ya tienes. Varios de ellos te serán útiles para crear situaciones interesantes en tu novela; serán como puntos por incluir en el itinerario. Usa los que cuenten alguna historia interesante:

- ¿Qué te parece: el 5, 6, 7, 8, 9, 10, 12, 13, 14, 15, 16, 17, 18, 21? Por supuesto en diferente orden.

5. CONTEXTO

Me gusta posponer este punto hasta aquí. Cuando ya tengo el argumento y la trama, puedo saber mejor en qué ÉPOCA Y LUGAR me conviene situar la historia.

Describe dónde y cuándo sucede tu relato: circunstancias sociales y culturales que enmarcarán tu novela.

6. ESTRUCTURA RIGUROSA

Ahora sí. El punto más laborioso de la preparación: el desglose prolijo de lo que va a suceder en cada punto de la trama; la tabla de contenido, capítulo por capítulo con ganchos narrativos al final de cada uno.

7. ALTERNANCIA CRONOLÓGICA

Mueve la línea del tiempo iniciando con un apogeo y fortaleciendo el clímax.

8. PERSONAJES PRINCIPALES

La creación de personajes fue uno de nuestros primeros temas de estudio, pero en la vida real, al planear una novela, los personajes se crean después de la trama. Ahora:

- Haz la ficha bibliográfica de protagonistas y antagonistas.
- Describe la ***autenticidad*** de cada personaje.
- Haz un párrafo descriptivo del ***pasado*** de los personajes.
- Haz un párrafo descriptivo de ***hábitos, convicciones, decisiones, carácter y talentos*** de los personajes.

9. NARRADOR Y TIEMPO

Decide qué persona gramatical y tiempo verbal usarás.

¿Cómo vas a contar la historia? ¿Primera o tercer persona? ¿Narrador protagonista, testigo, remitente, omnisciente, focal o pragmático?¿Presente o pasado?

10. PRODUCCIÓN PROFUSA

Siguiendo el esquema riguroso escribe una historia equilibrada de narraciones, descripciones y diálogos. Inserta con cuidado alguna ontología.

Brinda especial énfasis y cuidado a los diálogos.

Produce mucho material.

Cuida el estilo (forma, fondo y ritmo).

11. CORRECCIÓN

Cuando hayas terminado el texto pule cada frase.

12. ADELGAZAMIENTO

Quita todo lo que se pueda obviar.

¿Qué sigue?

Voy a decirte una verdad incómoda:

En el medio literario tradicional predomina la burla y descalificación hacia todo el que comienza a escribir. Entre escritores, el ambiente suele ser hostil. Se atacan unos a otros como caníbales (aunque hay sus honrosas excepciones). Quienes han tenido éxito publicando casi siempre se muestran soberbios e inclementes con sus colegas; no soportan a los escritores noveles y menos si son jóvenes; odian la idea de poder ser desplazados por nuevos talentos.

Entonces ¿quiénes hacen los libros y talleres de escritura? Maestros de redacción (a quienes respeto). Pero, hablando claro, ningún escritor profesional exitoso comparte sus secretos por diez centavos de regalías.

En ese *sentido* acabo de cometer un *sinsentido*. El libro que leíste contiene mis técnicas. En tus manos pueden ser un tesoro. Lo digo con humildad, pero también con convicción. Porque te he tenido en mi mente a ti, querido lector, y creo conocerte. Eres una persona honesta, de buen corazón, con grandes capacidades y mucho que dar. Te mueve el entusiasmo inocente de creer que todo el mundo es tan noble como tú. Me identifico contigo.

Ya lo has visto. Este libro no es mágico ni te convierte en escritor de la noche a la mañana, pero sí te muestra un camino claro. Si confías en mí (no tienes por qué, aunque tampoco pierdes nada), haz tuyas las técnicas. Úsalas, perfecciónalas. Especialízate en ellas al grado de que puedas aplicarlas en automático.

Ahora comprende: el universo de la escritura es infinito. Lo que te he mostrado aquí es nada comparado con lo que puedes aprender en una escuela de escritores. Si te es viable, toma cursos formales. Absorbe la sabiduría de todos esos profesores nobles y desprendidos que aman enseñar sobre cómo escribir mejor.

Y atrévete. No creas que ya hay demasiados libros en el mundo (aunque sea verdad), ni pienses que cualquier cosa que se te ocurra escribir, ya se le ocurrió a alguien *antes*. (Aunque también eso sea cierto). Entiende que no existe nadie en el planeta con tu sensibilidad, y combinación de conocimientos; cuando tú escribas sobre el tema que más te apasiona, el resultado será único, porque la literatura es un arte que impregna la esencia emocional, intelectual y espiritual del autor. Todo lo que redactes desde tu originalísima óptica será especial. Y quizá gracias a ti, la gente volverá a leer. Porque la gente ya no lee.

Hace años, cuando recorrías el largo pasillo de un avión para ir al baño podías ver a la mayoría leyendo un libro. Hoy los que no van durmiendo, van viendo una tableta o un celular; los más estudiosos trabajan en su *laptop*. Pero nadie o muy pocos traen en sus manos un libro de papel.

Acéptalo: a quienes nos gusta leer y escribir somos los nuevos conquistadores de tierras hostiles, los nuevos evangelizadores de una cultura que no puede perderse. ¡Únete a este grupo de locos, soñadores, hacedores de grandes *Conflictos, creencias y sueños*! Perfecciona tus escritos. Crea un proyecto que te entusiasme; algo que puedas visualizar como el texto de tu vida, hazlo valioso en tu mente. Que al pensar en ello sepas que un lector (o el mundo entero) se deleitará y beneficiará.

Tener la seguridad de que estás escribiendo algo importantísimo, te hará volver una y otra vez a la mesa. Y si no sucede eso, porque la rutina diaria te engulle como un monstruo de mil cabezas, detente y toma el control de tu vida. Realiza esta sencilla acción: escoge un horario diario para escribir y pon la alarma. ¿Qué te parece hacerlo todos los días de nueve a once de la noche? ¿Puedes a esa hora? (¿O a cuál?). Establece la alarma a las nueve en tu reloj, en tu teléfono y en el cucú de la sala. Que todo el universo vibre y retiemble a las nueve. Suspende cualquier cosa que estés haciendo y enciérrate a escribir. Tu familia se acostumbrará. Tú también. Y tus escritos trascenderán.

Crea tu destino. Hazlo suceder. Trabaja mucho.

En una rueda de prensa, cierto periodista me preguntó: "¿Usted esperaba el éxito de sus libros?" Para sorpresa de todos y agravio a las normas de diplomacia contesté: "Por supuesto; he dedicado años enteros a crear y pulir mis técnicas; han sido cientos de noches trabajando sin que nadie me pague ni reconozca mi esfuerzo, en contra de críticas, sembrando en solitario". Alguien más insistió preguntando: "¿Y qué pensó cuando se dio cuenta de que sus libros se habían convertido en éxitos de librerías?". "¿Qué pensé?" Respondí: "¡Que ya era hora, carajo!".

Eso les sucede a los periodistas cuando ponen el dedo en la llaga. Los autores tenemos muchas.

Aprender a escribir es un proceso largo y doloroso. Obedece a las mismas reglas de todo aquello que vale la pena en la vida. Para que se haga realidad, tiene que doler. Como le sucede a la mamá embarazada que sufre las molestias mes a mes y pare con dolor... (aunque ahora casi todas paren con bloqueo epidural y cesárea, pero ignoremos este hecho para no perder la analogía poética). Muchos se burlarán de ti y no creerán que seas capaz. Aun así, embarázate de tus escritos. Dales vida en tu interior, sufre los achaques de tu gravidez, da a luz en soledad; cuida a tu bebé con delicadeza; púlelo, edúcalo, sufre con él y disfrútalo, hasta que puedas mostrarlo al mundo.

¿Qué sigue? Mírate al espejo y observa frente a ti a una persona triunfadora. Porque todo lo grande proviene de una convicción de quien se sabe grande. No se trata solo de aplicar técnicas mecánicas. Lo trascendente emana de un corazón comprometido, que no se da por vencido, que imprime a sus letras la convicción de que nació para dejar huella.

Cuando hayas escrito documentos de verdadera calidad, cumpliendo los principios derivados de nuestras 7 pruebas y 25 retos, súbelos a la página ***www.ccsescritores.com***. Personas como tú los leerán. Lee los que otros compartan. Comenta. Ponte en contacto. Crea vínculos con esta nueva generación de escritores. Si decides escribir un libro, cuando hayas terminado, envíalo a ***Ediciones Selectas Diamante***. Si está bien escrito, te ayudaremos a publicarlo. ¿De acuerdo?

Terminamos. Pero apenas comenzamos.

Lee despacio los últimos párrafos.

Hagamos que suceda el milagro de la escritura: Viajar en el espacio y el tiempo para vernos de frente. Me gusta tu mirada honesta.

Ahora siéntelo en tu piel y en tu alma:

Recibe de mi parte un fuerte y cariñoso abrazo.

Y déjame recibir otro igual, de parte tuya.

Carlos Cuauhtémoc Sánchez

ÍNDICE

PREPARACIÓN

PRODUCCIÓN

PULIDO

¡LEE LA SAGA COMPLETA!

ESCRIBE y comparte tus textos en:

www.ccsescritores.com

IMPRESO EN MÉXICO / PRINTED IN MEXICO

Este libro se imprimió en junio de 2017 en los talleres de

Litográfica Ingramex, S.A. de C.V.

Centeno 162-1, Col. Granjas Esmeralda, México D.F. C.P. 09810

ESD 1e-83-8-M-15-06-17